Deutschbuch

Gymnasium

Berlin, Brandenburg, Mecklenburg-Vorpommern, Sachsen, Sachsen-Anhalt, Thüringen

7

Arbeitsheft
mit interaktiven Übungen

Herausgegeben von
Andrea Wagener

Erarbeitet von
Angela Mielke, Deborah Mohr,
Christoph Oldeweme, Luzia Scheuringer-Hillus,
Irmgard Schick, Sandra Simberger und
Andrea Wagener

scook Deine **interaktiven Übungen** findest du hier:

1. Melde dich auf scook.de an.
2. Gib den unten stehenden Zugangscode in die Box ein.
3. Hab viel Spaß mit deinen interaktiven Übungen.

Dein Zugangscode auf
www.scook.de

Die Nutzungsdauer für die Online-Übungen beträgt nach Aktivierung des Zugangscodes zwei Jahre. In dieser Zeit speichern wir deine Lernstandsdaten für dich; nach Ablauf der Nutzungsdauer werden sie gelöscht.

bgp9k-8835y

Cornelsen

Inhaltsverzeichnis

So arbeitest du mit der Übersicht im Inhaltsverzeichnis:
Trage in die Spalte „bearbeitet am“ das Datum ein, an dem du die Übung gemacht hast.
Überprüfe deine Lösungen mit dem Lösungsheft und trage dann ein, wie dir die Übungen gelungen sind:
☺ gut gemacht   😐 das meiste richtig   ☹ häufig unsicher

⊕ Dieses Symbol kennzeichnet im Arbeitsheft (▸ S. 4–97) knifflige Aufgaben oder Aufgaben für Schnellere.

Materialgestützt informieren

Einen Informationstext untersuchen

Information **Einen Informationstext verfassen**

- In einem Informationstext fasst du knapp und gut **verständlich die wichtigsten Informationen über ein Thema** (z. B. Computerspiele) zusammen.
- Gliedere deinen Text in **Einleitung** (z. B. Einführung ins Thema), **Hauptteil** (einzelne Aspekte oder Fragen zum Thema werden beantwortet) und **Schluss** (z. B. Zusammenfassung, Ausblick, Ausgangsfrage aufgreifen). Verdeutliche diese Gliederung durch Absätze.
- Stelle die Informationen verständlich dar. **Beschreibe und erkläre** wichtige Zusammenhänge oder (Fach-)Begriffe.
- Formuliere **sachlich** und in **eigenen Worten.** Mache dir auch klar, wer deine **Adressaten** (Jugendliche, Erwachsene usw.) sind: Welches Vorwissen zum Thema haben sie? Wie musst du dich sprachlich ausdrücken?

1 **Lies das Merkwissen oben und danach den folgenden Informationstext. Untersuche dann mit Hilfe der Aufgaben auf Seite 5, inwiefern dieser Informationstext gelungen ist.**

Welche Merkmale muss ein gutes Computerspiel haben? Über diese Frage wird jedes Jahr debattiert, wenn es um die Verleihung des Deutschen Computerspielpreises (DCP) geht. Worum handelt es sich bei diesem Preis und welche Bedeutung hat die deutsche Spielbranche auf dem internationalen Markt?

Der Deutsche Computerspielpreis (DCP) wird seit 2009 jährlich vom Verband „game", dem Verband der deutschen Computer- und Videospielbranche, und der Bundesregierung verliehen. Insgesamt stehen Preisgelder in Höhe von 590 000 Euro zur Verfügung, die an die besten Computerspiele „made in Germany" verteilt werden. Damit ist diese Auszeichnung der wichtigste Preis für digitale Spiele in Deutschland.

Sicher kennt ihr die jährliche Oscar-Verleihung in Hollywood. Dort gibt es Oscars in den verschiedenen Kategorien, zum Beispiel für den besten Film, die beste Hauptdarstellerin, die beste Kamera usw. Genauso wie beim Oscar werden auch beim Deutschen Computerspielpreis die digitalen Spiele in verschiedenen Kategorien prämiert. Aktuell gibt es 15 verschiedene Einzelkategorien, darunter einen Preis für das beste (deutsche) Spiel, das beste mobile Spiel, das beste Jugendspiel, die beste Inszenierung usw. Bei dem Preis für die beste Inszenierung werden Sound, Grafik und Storytelling, also die Art, wie die Geschichte erzählt wird, prämiert. Wie bei der Oscar-Verleihung kann auch beim Deutschen Computerspielpreis ein Spiel gleichzeitig in mehreren Kategorien gewinnen.

Erstaunlich ist, dass deutsche Computerspiele auf dem internationalen Markt kaum eine Rolle spielen. Wie das Ergebnis einer Umfrage zeigt, kommen die meisten erfolgreichen Spiele aus Japan, Kanada oder den Vereinigten Staaten. Deutlich wird auch, dass die Computerspielbranche zwar weltweit wächst, aber der Anteil der deutschen Spielentwicklungen schrumpft. Der Deutsche Computerpreis soll dieser Entwicklung entgegenwirken und die Games-Branche in Deutschland fördern.

Werft einfach mal einen Blick auf die Homepage des Deutschen Computerspielpreises und schaut, welche Computerspiele in diesem Jahr zu Auswahl stehen. Besonders interessant für uns sind natürlich die Jugendspiele für Gamerinnen und Gamer zwischen 12 und 16 Jahren.

2 Der Text informiert über den Deutschen Computerspielpreis.

a Kreuze an, welche drei Fragen im Hauptteil (▶ Z. 5–25) beantwortet werden.

b In welchem Absatz wird welche Frage beantwortet? Notiere für die drei zutreffenden Aussagen die entsprechenden Zeilenangaben.

- A ☐ Warum spielen deutsche Computerspiele auf dem internationalen Markt keine Rolle? Z. ______
- B ☐ Was ist der Deutsche Computerspielpreis? Z. ______
- C ☐ Welche Merkmale muss ein Computerspiel haben, um prämiert zu werden? Z. ______
- D ☐ Wie geht die Jury bei der Preisvergabe vor? Z. ______
- E ☐ Welche Bedeutung haben die verschiedenen Kategorien bei der Preisvergabe? Z. ______

3 In einem Informationstext werden auch wichtige (Fach-)Begriffe und Sachverhalte erklärt. Kreuze an, was im Text erklärt wird:

- ☐ der Verband „game“
- ☐ digitale Spiele
- ☐ Computerspielbranche
- ☐ Storytelling
- ☐ Sound
- ☐ Preis für die beste Inszenierung

4 **a** An wen richtet sich der Informationstext? Kreuze die richtige Lösung an:

- ☐ Erwachsene
- ☐ Jugendliche
- ☐ Fachleute aus der Computerspielbranche

b Belege deine Entscheidung. Markiere im Text (▶ S. 4) die Passage, die den Adressaten deutlich macht.

5 Formuliere eine treffende Überschrift für den Informationstext. Schreibe sie auf die Zeile über den Text auf Seite 4.

6 Für das Schreiben eines Informationstextes bekommst du z. B. Texte und Grafiken. Markiere im Mustertext von Seite 4 die Passage, die den Bezug auf das verwendete Material deutlich macht.

Einen Informationstext verfassen

Methode **Einen Informationstext verfassen**

Beim Verfassen eines Informationstextes erhältst du verschiedene Materialien (z. B. Texte und Grafiken), die du für deinen Text verwenden kannst. Gehe so vor:

1 Kläre, was die **Aufgabenstellung** von dir verlangt: Um welches Thema geht es? Welche Aspekte sollst du berücksichtigen? Wer sind deine Leser/-innen? Was bedeutet das für deinen Text?
2 Lege dir eine **Stoffsammlung** für deinen Text an: Suche aus den Materialien die Informationen heraus, die für die Bearbeitung der Aufgabe wichtig sind.
3 Schreibe den **Informationstext:** Gliedere ihn in **Einleitung** (Einführung ins Thema), **Hauptteil** (Aspekte der Aufgabenstellung beantworten) und **Schluss** (Zusammenfassung, Ausblick).
   - Stelle die Informationen verständlich dar. **Beschreibe und erkläre** wichtige **Zusammenhänge** und (Fach-)Begriffe. Mache diese Zusammenhänge auch sprachlich deutlich, z. B. durch Satzverknüpfungen und Überleitungen *(weil, obwohl, daher, interessant ist)*.
   - Formuliere **sachlich** und in **eigenen Worten.** Schreibe vorwiegend im **Präsens.**

1 **Lies die folgende Aufgabenstellung und markiere die Aspekte, die du in deinem Informationstext berücksichtigen musst. Ein Anfang ist schon vorgegeben.**

Für die Schülerzeitung sollst du einen Artikel zum Thema „Selfies“ verfassen. Verfasse mit Hilfe der folgenden Materialien (M1–3) einen Text, in dem du
- erklärst, warum ein Selfie nicht nur ein Bild, sondern auch ein Kommunikationsmittel ist,
- beschreibst, was Jugendlichen bei Selfies wichtig ist, und warum das so ist.
- erläuterst, welche Probleme die häufig genutzte Fotobearbeitung von Selfies mit sich bringen kann.

2 **Verschaffe dir zunächst einen Überblick über die Materialien (► S. 6–7), indem du sie zügig liest.**

M1

Mein Selfie und ich

Jugendliche machen's, Kinostars auch, Sportler sowieso – und eigentlich wir alle. Das Selfie ist überall, ob im Schulbus, auf der Klassenfahrt, im Konzert, im Fußballstadion oder einfach mal so auf der Straße. Man möchte einfach für diesen Moment spontan wirken und andere überraschen. Selfies sind aber nicht nur Fotos, sie enthalten für den Betrachter viele Informationen und fordern zur Kommunikation auf. Mit Gesten, Kopfhaltungen und Grimassen soll den anderen mitgeteilt werden, wie es einem geht, und andere sollen – wie bei einem Gespräch – auf die Selfies reagieren und diese kommentieren. Verschickte man früher Postkarten mit drei Sätzen, sendet man heute ein aussagekräftiges Selfie, das den Leuten signalisiert, was man gerade macht und an welchem Ort man sich aktuell befindet. Das kann zwar spontan aus einer Stimmung heraus entstehen, wird aber auch häufig aufwendig inszeniert. Eine Studie zeigt, dass Jugendliche sich bei einem Selfie von ihrer besten Seite zeigen wollen und ihnen die perfekte Inszenierung beim Selfie sehr wichtig ist: Sorgfältiges Styling, ein gekonntes Posing, der optimale Hintergrund und nicht zuletzt der richtige Blick in die Kamera spielen hierbei eine wichtige Rolle. Interessant ist, dass nur die wenigsten Jugendlichen das auch zugeben. Stattdessen behaupten sie, die Bilder seien eher spontan entstanden. Was wir in den sozialen Netzwerken zu sehen bekommen, ist aber nur ganz selten ein spontanes Selfie. Inszenierte Bilder garantieren eben viel eher Likes und Kommentare, die den meisten Jugendlichen laut einer Studie sehr wichtig sind. Gerade Teenager ermitteln anhand der Likes ihre Wirkung auf andere: Bin ich beliebt? Sehe ich gut aus? 34 Prozent der Mädchen und Jungen sagen, dass ihnen viele Likes sehr viel bedeuten. Und 47 Prozent geben zu, dass sie sich besser fühlen, wenn sie viele Likes bekommen. Es geht also darum, das Selbstbewusstsein zu stärken und Anerkennung zu gewinnen. Einige Jugendliche haben aber noch ganz andere Ziele mit ihren unzähligen Selfies. Sie haben den Wunsch, durch ihre Postings als Influencer berühmt zu werden. Einige werben sogar mit ihren vielen Followern und Likes: *„Im Moment habe ich mehr als 3000 Follower auf Insta."* Und natürlich geht es bei einem Selfie auch darum, sich selbst an die schönen Momente im Leben zu erinnern. An Momente mit Freunden, im Urlaub, auf der Klassenfahrt ...

M2

Was ist dir beim Selfie wichtig?

Befragung von 1000 Jugendlichen zwischen 14 und 21 Jahren

M3

Mehr Likes und Follower dank Beauty-App?

Der britische (GNTM-)Fotograf Rankin hat ein Fotoprojekt veröffentlicht, das sich mit den Gefahren von Selfies auseinandersetzt. Für „Selfie Harm" (deutsch: Selfie-Schaden) hat Rankin Jugendliche zwischen 13 und 19 Jahren fotografiert. Danach sollten sie ihr Bild mit einer Fotobearbeitungs-App so verändern, wie sie es auf Social-Media-Kanälen posten würden. Die Augen wurden größer, die Figur schmaler, die Haut strahlender: In nur wenigen Sekunden erschufen sie ein neues, makelloses Ich – alles nur für Social-Media-Likes. Mit seinem Projekt „Selfie Harm" möchte der Modefotograf Rankin auf den Schönheitswahn in den sozialen Medien aufmerksam machen und den Jugendlichen Mut machen, zu ihrem Aussehen zu stehen.

Denn hinter der Selbstoptimierung mittels Filter und Beauty-Apps steckt ein gefährlicher Trend, warnen Psychologen. Die Flut der geschönten Bilder erhöht den Druck auf Teenager. Wer Likes erzeugen will, muss da mithalten. „Man vergleicht sich ständig mit seinen Fotos im Beauty-Modus oder mit Bildern von angesagten Top-Influencern und findet sich im Vergleich natürlich hässlich", meint die 16-jährige Schülerin Sophia. Das drückt das Selbstbewusstsein bis hin zur Depression, warnen Psychologen. Andere streben schon früh eine Schönheitsoperation an, weil sie so aussehen wollen wie ihr makelloses Filter-Ich oder den optimierten Bildern ihrer Internet-Stars nacheifern. Allerdings gibt es auch eine Gegenbewegung zum Selfie-Schönheitswahn: Nutzer/-innen verbreiten mittlerweile bewusst hässliche Selfies in sozialen Netzwerken, um gegen den Schönheitswahn zu protestieren. Es geht darum, möglichst unattraktiv und schräg auszusehen, zum Beispiel mit Doppelkinn oder verbogener Nase. Jeder versucht, sich von seiner hässlichsten Seite zu zeigen: Der Spaß bei dieser Aktion ist garantiert.

3 Markiere in den beiden Texten (M1 und M3) mit verschiedenen Farben die Informationen, die du für deinen eigenen Text verwenden kannst. Nutze für die einzelnen Teilaufgaben unterschiedliche Farben:
- Warum ist ein Selfie ein Kommunikationsmittel? = gelb
- Was ist Jugendlichen bei Selfies besonders wichtig? = grün
- Welche Probleme können Fotobearbeitungs-Apps mit sich bringen? = blau

4 Untersuche die Grafik (▸ M2, S. 7). Notiere die Informationen, die du für deinen eigenen Text benötigst.

Besonders wichtig bei Selfies ist den Jugendlichen

5 Ergänze im folgenden Schreibplan für den Hauptteil die passenden Informationen aus den Texten. Nutze deine Markierungen.

1. Warum ist ein Selfie nicht nur ein Bild, sondern auch ein Kommunikationsmittel?

enthalten Informationen, fordern zur Kommunikation auf,

2. Was ist Jugendlichen beim Selfie wichtig? Warum?

man will sich von bester Seite zeigen,

3. Welche Probleme können die Fotobearbeitungs-Apps mit sich bringen?

6 **Schreibe mit Hilfe deines Schreibplans und deiner Vorarbeiten einen zusammenhängenden Informationstext in dein Heft.**

a **Kreuze an, welche Einleitung dir besser gefällt:**

☐ **A** Alle kennen sie und die meisten von euch machen sie fast täglich. Richtig – es geht um Selfies! Was steckt hinter dieser Lust am Selfie und kann diese Lust zu einem Problem werden? Woran kaum jemand denkt: Selfies sind ...

☐ **B** Gehört ihr auch zu denen, die nicht mehr ohne Selfies leben können? Und habt ihr euch schon einmal ganz ehrlich gefragt, was euch beim Selfiemachen wirklich wichtig ist?

b **Verknüpfe die folgenden Sätze mit passenden Konjunktionen, sodass die Zusammenhänge deutlich werden.**

– Ein Selfie ist eine Kommunikation über Bilder, ____________________ mit einem aussagekräftigen Selfie teilen wir anderen einige Informationen mit.

– ____________________ die meisten Jugendlichen behaupten, die Selfies würden spontan entstehen, ist ihnen laut einer Studie die perfekte Inszenierung beim Selfie wichtig.

– ____________________ heute jeder sein Foto optimiert, sehen wir nur noch geschönte Bilder.

c **Schreibe den Hauptteil deines Textes in dein Heft. Formuliere sachlich und mache die Zusammenhänge durch Konjunktionen und Überleitungen (z. B. *weil, deshalb, obwohl, laut einer Studie, eine Befragung von ... zeigt*) deutlich.**

d **Formuliere einen Schluss, indem du Wichtiges zusammenfasst oder einen Hinweis oder Ausblick gibst. Schreibe ins Heft. Du kannst folgende Formulierungsbausteine verwenden:**

– Natürlich machen Selfies Spaß und man sollte ... Aber ...
– Vielleicht hätten wir mehr Spaß und Selbstbewusstsein, wenn wir uns der Gegenbewegung zum Selfie-Schönheitswahn ...

7 **Welche Überschrift findest du für deinen Text am treffendsten? Kreuze an und begründe kurz in deinem Heft, warum du dich für diese Überschrift entschieden hast:**

☐ Selfies: Lust oder Frust? ☐ Spieglein, Spieglein in der Hand ☐ Was steckt hinter der Selfie-Lust?

Argumentieren

Eine Argumentation untersuchen

Information **Argumentieren: Meinung, Argument, Beispiel**

- Beim Argumentieren formulierst du deine **Meinung (Standpunkt, Wunsch, Forderung),** die du durch **Argumente** begründest und durch **Beispiele** (z. B. nachvollziehbare Erläuterungen, Belege aus Umfragen, überzeugende Beispiele aus dem eigenen Erfahrungsbereich) stützt, z. B.: *Ich finde Shoppen nicht so wichtig (Meinung), denn es gibt viele andere Sachen, die mir Spaß machen (Argument). Ich mache zum Beispiel lieber Sport und treffe mich mit meinen Freunden zum Breakdance und Hiphop. (Beispiel)*
- Deine Argumentation wird noch überzeugender, wenn du einen **möglichen Einwand** (Gegenargument) nennst und **entkräftest,** z. B.: *Viele denken, Neues zu shoppen, sei gut für die Wirtschaft. Allerdings muss man bedenken, dass die Umwelt dadurch stark verschmutzt wird.*

1 **Lies die Informationen im Merkkasten oben und danach die folgende Argumentation. Untersuche dann mit Hilfe der Aufgaben auf Seite 11, inwiefern diese Argumentation gelungen ist.**

Macht mit beim Kauf-nix-Tag!

Das schnelle Eis zum Mitnehmen, das reduzierte Oberteil im Lieblingsladen oder die Zeitschrift am Kiosk: Am internationalen Kauf-nix-Tag verzichtet man auf all dies.

Auch in diesem Jahr wird wieder am letzten Samstag im November zum eintägigen Einkaufsstopp aufgerufen und wir als Schülervertretung wollen euch dazu auffordern, an diesem Kauf-nix-Tag teilzunehmen.

Wir finden eine Teilnahme am internationalen Kauf-nix-Tag wichtig, um unser Konsumverhalten und unseren Lebensstil zu überdenken, denn täglich kaufen wir etwas, was wir eigentlich nicht brauchen. Laut einer Umfrage der Umweltorganisation Greenpeace werden beispielsweise 40 Prozent der gekauften Kleidungsstücke nicht getragen. Angetrieben von der Werbung und den verlockenden Schlussverkaufsangeboten stecken wir Zeit und Geld in Sachen, die uns meist nicht glücklicher und zufriedener machen.

Unser Konsumverhalten zu überdenken, ist aber auch notwendig, weil unser Lebensstil die Umwelt zerstört. Bei jedem Kauf eines T-Shirts, eines Handys oder eines Paars Sneakers werden zum Beispiel enorme Mengen an Wasser und Rohstoffen verbraucht sowie Tonnen von klimaschädlichen Treibhausgasen ausgestoßen. Mit unserem verschwenderischen Kaufverhalten beschleunigen wir den Klimawandel und produzieren riesige Müllberge. Wenn wir die Erde nicht zerstören wollen, müssen wir unseren Lebensstil ändern.

Einige wenden ein, dass der Kauf-nix-Tag nichts bringe, weil die Einkäufe einfach nur auf den nächsten Tag verschoben würden. Das ist aus unserer Sicht aber falsch, denn dieser Tag ist ein guter Anlass, um das eigene Konsumverhalten zu hinterfragen und vielleicht langfristig etwas zu verändern.

Die Auswirkungen unseres Konsums auf unsere Umwelt sind so groß, dass wir uns in der Pflicht sehen, unser Konsumverhalten zu überdenken. Unterstützt uns und die Umwelt und macht mit beim Kauf-nix-Tag am letzten Samstag im November.

Eure Schülervertretung

2 **Untersuche die Argumentation genau.**

a **Welche Meinung (Position) wird von der Schülervertretung in dem Text genannt? Kreuze an:**

- ☐ Bei dem Kauf von Sneakers, T-Shirts und Handys entstehen schädliche Treibhausgase.
- ☐ 40 Prozent der gekauften Kleidungsstücke werden nicht getragen.
- ☐ Die Teilnahme am Kauf-nix-Tag ist wichtig, um unser Konsumverhalten zu hinterfragen.

b **Welche zwei Argumente mit Beispielen werden angeführt, um die Meinung zu stützen? Markiere die beiden Argumente blau und die dazugehörenden Beispiele grün.**

3 **a** **Die Argumentation (► S. 10) ist auch überzeugend, weil ein möglicher Einwand aufgegriffen und entkräftet wird. Markiere im Text (► S. 10) diesen Abschnitt gelb.**

b **An welcher Einleitung hast du das Gegenargument und seine Entkräftung erkannt? Notiere.**

Formulierung, mit der das Gegenargument eingeleitet wird: ______________________________

____

Formulierung, mit der die Entkräftung eingeleitet wird: ______________________________

____

4 **An wen richtet sich der Text? Kreuze die richtige Antwort an:**

Der Text richtet sich an …

- ☐ Schüler und Schülerinnen.
- ☐ Lehrkräfte.
- ☐ Eltern.

5 **Untersuche, wie der Schluss (► Z. 27–29) gestaltet ist. Kreuze die richtige Antwort an:**

- ☐ Der Schluss beinhaltet den Aufruf (Appell), beim Kauf-nix-Tag mitzumachen.
- ☐ Im Schlussteil wird ein konkreter Vorschlag gemacht, wie man sich für den Umweltschutz engagieren kann.
- ☐ Im Schlussteil wird der Wunsch geäußert, weniger Müll zu produzieren.

6 **Für das Schreiben einer materialgestützten Argumentation bekommst du Material, z. B. verschiedene Texte oder eine Grafik. Welche zwei Materialien wurden <u>nicht</u> für die Argumentation auf Seite 10 verwendet? Streiche diese beiden Materialien durch.**

- Umfrage der Umweltorganisation Greenpeace
- Zeitungsartikel zum Recycling
- Flyer zum veganen Kochen
- Zeitungsartikel zum Kauf-nix-Tag in Deutschland

Materialgestützt argumentieren

Information **Materialgestützt argumentieren**

Beim materialgestützten Argumentieren erhältst du verschiedene Materialien (z. B. Texte und Grafiken), die du für deine Argumentation verwenden kannst. Gehe so vor:

1 Kläre, was die **Aufgabenstellung** von dir verlangt. Um welches Thema geht es? Welches Ziel hat deine Argumentation? Wer sind deine Adressaten?

2 Lege eine **Stoffsammlung** an: Suche aus den Materialien **Argumente und Beispiele** heraus, die du für deine Argumentation verwenden kannst.

3 Die Argumentation schreiben:
- **Führe in der Einleitung in das Thema ein** (z. B. Anlass der Argumentation nennen; Leser/-innen neugierig auf das Thema machen). Du kannst hier auch schon deine Meinung formulieren.
- **Nenne im Hauptteil Argumente und Beispiele für deine Position.** Deine Argumentation wird noch überzeugender, wenn du einen **Einwand** (Gegenargument) anführst und **entkräftest.**
- **Schluss:** Fasse zum Schluss deinen Standpunkt zusammen oder formuliere einen Appell (Aufruf), einen Vorschlag oder einen Wunsch für die Zukunft.

1 **a Lies die folgende Aufgabenstellung genau:**

Im Rahmen einer Projektwoche zum Thema „Nachhaltigkeit“ plant deine Umwelt-AG einen Workshop zum Thema Upcycling. Schreibe einen Beitrag für die Schulhomepage, in dem du deine Mitschüler/-innen davon überzeugst, an diesem Workshop teilzunehmen.
Die folgenden Materialien (▸ S. 12–13) helfen dir, überzeugende Argumente und Beispiele zu finden.

b Kreuze an, was die Aufgabenstellung von dir verlangt:

Ich soll ...

- ☐ meine Leser/-innen über das Thema „Upcycling“ informieren.
- ☐ meine Leser/-innen davon überzeugen, für die Umwelt-AG zu spenden.
- ☐ meine Leser/-innen davon überzeugen, bei einem Upcycling-Workshop mitzumachen.

2 **Verschaffe dir zunächst einen Überblick über die Materialien (▸ S. 12–13), indem du sie zügig liest.**

M1

Upcycling – aus Alt mach Neu

Upcycling ist eine Form der Wiederverwertung, bei der aus alten, kaputten, gebrauchten oder (scheinbar) wertlosen Gegenstände wie Holzpaletten, Obstkisten, Weinflaschen und alter Kleidung neue Produkte gefertigt werden. Bekannt ist Upcycling auch unter dem Stichwort „aus Alt mach Neu“. Gerade in Notzeiten war diese Art der Herstellung von nützlichen und schönen Dingen beliebt. Das Selbermachen macht nicht nur Spaß, sondern ist oftmals günstiger, ressourcenschonend und umweltfreundlich. Im Gegensatz zum Recycling, bei dem das Ausgangsmaterial oft an Wert verliert, steigert man beim Upcycling den Wert des Ursprungsmaterials, daher die Vorsilbe „up“ (engl.: hinauf, nach oben, aufwärts).

M2

Interview mit Upcycling-Experten Michael Süss

Upcycling wird im Zuge des aktuellen Do-it-yourself-Trends immer beliebter. Wir fragen den Upcycling-Experten Michael Süss, was hinter diesem Trend steckt.

Was ist in Ihren Augen das Wichtigste beim Upcycling?

Michael Süss: Ein Argument für das Upcycling ist die Müllvermeidung. Statt alte Sachen einfach wegzuwerfen, schenken wir ihnen ein zweites Leben. Beim Upcycling kann ich Produkte viel länger nutzen. Wer die Upcycling-Idee unterstützen möchte, aber selbst handwerklich nicht so begabt ist oder wenig Zeit hat, kann natürlich auch Upcycling-Ware kaufen.

Inwiefern ist Upcycling ein Beitrag zum Umweltschutz?

Michael Süss: Neben der Vermeidung von Müll spart man natürliche Ressourcen wie Energie und Wasser, die für die Herstellung von neuen Produkten verwendet werden. Und: Durch das Upcycling – gerade von Kleidung – kann ich einen Beitrag zur CO_2-Reduzierung leisten. Aktuell produziert die Textilindustrie weltweit jedes Jahr 1,2 Milliarden Tonnen CO_2. Das ist mehr als der gesamte Flugverkehr mit 0,9 Milliarden Tonnen. Wer seine Kleidung upcycelt, kann also einen aktiven Beitrag zum Klimaschutz leisten.

Gibt es denn auch einen direkten Nutzen beim Upcycling, den ich als Verbraucher sofort spüre?

Michael Süss: Klar, durch das Upcycling kann man eine Menge Geld sparen und man hat ein Produkt, das ein echtes Unikat ist. Außerdem macht es doch Spaß, aus Holzpaletten ein Regal oder ein Sofa zu bauen, ein cooles Shirt zu tragen, einen Fußball oder eine alte Schallplatte zu einer Lampe umzugestalten oder einen alten Stuhl wieder schön herzurichten.

Gibt es auch Einwände gegen Upcycling?

Michael Süss: Ja, es gibt kritische Stimmen, die einwenden, dass Upcycling nur ein Tropfen auf den heißen Stein sei und nicht alle Umweltprobleme lösen könne. Aber den Nutzen von Upcycling sehe ich vielmehr darin, dass die Menschen insgesamt ihr Konsumverhalten überdenken und nicht ständig neue Sachen kaufen.

M3

Upcycling-Produkte

Frage: Aus welchen Gründen stellen sie Upcycling-Produkte her?

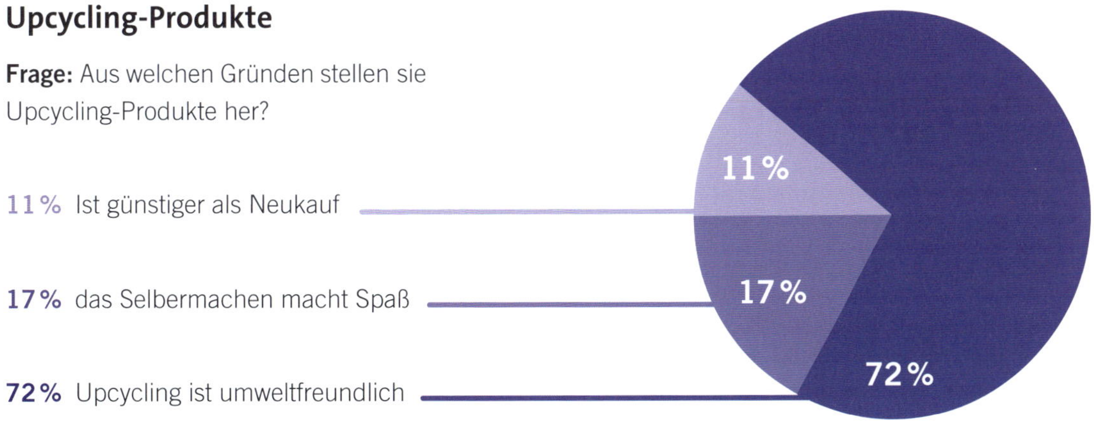

3 **a** Markiere in den beiden Texten („Upcycling – aus Alt mach Neu“, ► S. 12; „Interview mit Upcycling-Experten Michael Süss“, ► S. 13) Informationen, die du für deine Argumentation verwenden kannst.

b Schau dir die Grafik (► M3, S. 13) an. Markiere, was die wichtigsten Gründe für das Upcycling sind.

4 a **Lege dir für deine Argumentation eine Stoffsammlung an:**
Entscheide, welche Informationen aus den Texten und der Grafik (▸ S. 12–13) du verwenden kannst. Schreibe in dein Heft.

Stoffsammlung: Gründe, die für den Upcycling-Workshop sprechen:

Argumente	Beispiele zu den Argumenten
– Upcycling ist ein aktiver Beitrag zum Umwelt- und Klimaschutz. – ... – ...	– Müllvermeidung (Produkte werden durch Wiederverwertung länger genutzt); Energie und Wasser ... – Laut einer Umfrage ist ... – ... – ...

b **Markiere in deiner Stoffsammlung zwei Argumente mit Beispielen, die du verwenden willst. Nummeriere, in welcher Reihenfolge du die Argumente nennen willst.**

5 **In dem Interview mit Michael Süss (▸ S. 13) wird ein Einwand gegen das Upcycling genannt und entkräftet. Notiere dieses Gegenargument und seine Entkräftung. Schreibe in dein Heft, z. B.:**
Einige wenden ein, dass das Upcycling ...
Dem kann man entgegenhalten, dass ...

6 **Schreibe mit Hilfe deiner Vorarbeiten einen Artikel für die Schulhomepage. Überzeuge darin deine Mitschüler/-innen, bei dem Upcycling-Workshop der Umwelt-AG mitzumachen.**

a **Kreuze an, welche Einleitung dir besser gefällt. Schreibe diese Einleitung in deinem Heft weiter.**

☐ **A** Das, was wir täglich wegwerfen und aussortieren, muss kein Müll sein. Beim Upcycling lassen sich alte Dinge ...

☐ **B** Kaufen, kaufen und noch mehr? Halt, stopp! Wie wäre es denn mal mit ...? Upcycling ...

b **Formuliere den Hauptteil.**
Führe zwei Argumente (mit Beispielen) an und entkräfte einen Einwand.
Schreibe in dein Heft. Du kannst die folgenden Formulierungsbausteine verwenden:

Ein wichtiges Argument für ... ist ... • Ein viel wichtigerer Grund ... • Besonders wichtig ist, dass ... • Viele wenden ein, dass ... • Das ist aus meiner Sicht nicht richtig, denn ... • zudem • außerdem • daher • deshalb • da • weil • denn • beispielsweise • laut einer Umfrage

c **Formuliere einen Schluss, in dem du deine Mitschüler/-innen aufrufst, beim Upcycling-Workshop mitzumachen. Schreibe in dein Heft, z. B.:**
Wir wollen nicht zusehen, wie unsere Erde durch unseren Konsum zugrunde geht. Engagiert euch für die Umwelt, macht mit beim ...

⊕ **7** **Sollte man möglichst nur noch in Secondhand-Läden kaufen? Begründe deine Meinung im Heft.**

Beschreiben und erklären

Eine Personenbeschreibung untersuchen

Information Eine Person beschreiben

- **Einleitung:** Mache in der Einleitung **allgemeine Angaben** zur Person, z. B.: zu Geschlecht, Alter, Größe, Figur (z. B. *schlank, kräftig*), Körperhaltung (z. B. *stehend, sitzend*), Tätigkeit (z. B. *verkauft Waren*), kurze Angabe zur Erscheinung *(in einem mittelalterlichen Kostüm)*.
- **Hauptteil:** Beschreibe im Hauptteil das **Aussehen der Person** in einer geordneten Reihenfolge, z. B. von oben nach unten.
- **Schluss:** Beschreibe z. B., **wie** die **Person** auf dich **wirkt.**
- Benutze **aussagekräftige Adjektive und Partizipien,** z. B. *schlank, hellblond, verziert.*
- Verwende nicht nur die Verben *haben* und *sein.* Achte auf eine **abwechslungsreiche Wortwahl,** z. B. *tragen, aussehen, besitzen, wirken.*
- **Vermeide** beim Beschreiben **persönliche Wertungen** wie *süß, cool, schön* oder *hässlich.*
- Schreibe im **Präsens.**

1 **a Auf einem Mittelaltermarkt verkauft ein Mann seine Waren. Sieh ihn dir genau an.**
b Lies das Merkwissen oben im Kasten und dann die folgende Personenbeschreibung:

Das Foto zeigt einen älteren, etwa sechzigjährigen Mann von mittlerer Größe. Er sitzt vor einer Steinmauer breitbeinig auf einem niedrigen Hocker. Mit seinen Händen stützt er sich auf den Knien ab. Seine Waren, möglicherweise selbst angefertigte Messer und Schmuckstücke, bietet er auf einem schmalen Tisch an.
An dem Mann fallen zuerst seine langen, ergrauten, lockigen Haare auf, die bis über die Schultern reichen. Unter seinem weißgrauen Vollbart sind sein Mund und sein Kinn kaum zu erkennen. Das gebräunte Gesicht des Mannes weist an Stirn und Augen einige Falten auf. Er kneift die Augen etwas zusammen und runzelt die Stirn. Seine ausgeprägten Wangen sehen leicht gerötet aus. Die Nase wirkt groß und breit. Auf dem Kopf hat er eine einfache, graubraune Kappe aus festem Filz. Der Mann trägt eine weite Tunika aus grobem Stoff von beiger Farbe. Sie wirft viele Falten und reicht ihm bis über die Knie. Unterhalb des Bauches wird sie von einer verzierten Gürteltasche aus hellbraunem Leder zusammengehalten. Um seinen Hals hängt eine Kette aus einem Lederband mit Anhängern aus Metall und Perlen. Am Zeigefinger seiner rechten Hand leuchtet ein einfacher, breiter, silberner Ring. Unter dem Gewand erkennt man eine hellgraue Hose, die er an den Unterschenkeln stramm mit einem naturfarbenen Stoff umwickelt hat. Die Füße des Mannes stecken in halbhohen, hellbraunen Lederstiefeln, um deren Schaft er lange, dünne Riemen bis hinauf zum Stoff geschnürt hat.
Insgesamt erscheint die Aufmachung des Mannes so, wie man sich Menschen aus dem Mittelalter vorstellt. Er selbst wirkt freundlich und aufmerksam.

2 **Untersuche, warum die Personenbeschreibung gelungen ist. Gehe so vor:**
a Kennzeichne im Text Einleitung, Hauptteil und Schluss. Ziehe Trennlinien.
b Ordne die unterstrichenen Wörter den folgenden Wortarten zu:

aussagekräftige Adjektive/Partizipien: ______________________

treffende Verben: ______________________

c Unterstreiche weitere acht aussagekräftige Adjektive/Partizipien orange und acht treffende Verben blau.

Eine Person beschreiben

1 a Schau dir die Frau, die für ein Mittelalterfest kostümiert ist, genau an und sammle allgemeine Angaben für die Einleitung deiner Beschreibung.

Geschlecht und kurze Angabe zur Erscheinung:

Frau im mittelalterlichen ______

Alter (geschätzt): ca. 30 Jahre

Körperhaltung: ______

Tätigkeit: hält in der linken Hand ______

b Formuliere mit Hilfe deiner Notizen eine Einleitung. Schreibe in dein Heft und beginne so:
Auf dem Foto sieht man eine Frau in einem mittelalterlichen Gewand. Sie ist ungefähr ...

2 Betrachte das Gesicht, den Körperbau und den Kleidungsstil. Welche Angaben treffen auf die Frau zu? Wähle passende Stichworte aus und markiere sie.

Haare (Farbe, Frisur): lang • kinnlang • kurz • ergraut • tiefschwarz • hellblond • dunkelblond • hellbraun • dunkelbraun • rot • glatt • gelockt • gewellt • geflochten • hochgesteckt • zusammengebunden

Gesicht/Ausdruck: länglich • rund • oval • herzförmig • kantig • schmal • breit • eingefallen • voll • glatte Haut • faltige Haut • gerötet • gebräunt • blass • tiefbraun • nachdenklich • freundlich • ernst • heiter • traurig

Augen/Augenbrauen: dunkel • blau • braun • grün • grau • schmal • groß • eng beieinanderstehend • weit auseinanderstehend • mandelförmig • rund • blinzelnd • geschminkt • feine/buschige/gerade/geschwungene/helle/dunkle Augenbrauen

Mund/Lippen: schmal • breit • voll • klein • geöffnet • geschlossen • blass • geschminkt
Nase: schmal • breit • spitz • kurz • lang • markant

Körperbau/Figur: zierlich • schmal • schlank • füllig • mollig • kräftig • sportlich • muskulös

Kleidungsstil: modisch • schlicht • elegant • prachtvoll • sportlich • mittelalterlich

3 **Die folgende Beschreibung des Gesichts der Frau wirkt durch die Wiederholungen sehr eintönig. Ersetze die markierten Verben durch treffendere Verben aus dem Wortspeicher unten.**

Anfang des Hauptteils

Die Frau hat ein ovales Gesicht und lange, hellblonde Haare, die in leichten Wellen über ihre Schultern fallen.

Sie ~~hat~~ ______________________ eine helle, glatte Haut und wirkt dadurch sehr zart.

Unter den dunkelblonden, geschwungenen Augenbrauen ~~hat~~ sie ______________________

mandelförmige, braune Augen. Ihr Blick ist in die Kamera gerichtet. Die Nase der Frau ist relativ lang und breit.

Ihr geschlossener Mund ~~hat~~ *ist durch* ______________ volle Lippen *gekennzeichnet* ______.

Freundlich lächelt sie in die Kamera. Die Figur der jungen Frau ~~ist~~ ______________________ schlank.

Sie ~~hat~~ ______________________ ein mittelalterliches Kleid, das sehr elegant und prachtvoll

~~ist~~ ______________________

sich befinden • tragen • ist/sind gekennzeichnet • wirken • erscheinen • sieht man • aussehen • gehören • besitzen

4 **Setze den Hauptteil der Beschreibung fort, indem du die Kleidung der Frau genau beschreibst. Nutze die Angaben aus dem Kasten. Schreibe in dein Heft. Du kannst so beginnen:** *Auf dem Kopf trägt die Frau eine breite Hörnerhaube aus einem leichten, weißen Tuch, das bis auf die Schultern ...*

Beschreibe in einer geordneten **Reihenfolge,** z. B. von oben nach unten.

Hörnerhaube • Tuch • am oberen Rand des Tuches • Borte • Kleid • Muster • Linien • in geschwungenen Falten • Ausschnitt am Hals • Borte • Saum • Zierleiste mit weißen Perlen • wie eine Knopfleiste • Ledergürtel mit Verzierungen • am Ende des Gürtels • Kugel

auf dem Kopf • bis auf die Schultern • vor der Stirn • am Oberkörper • ab der Hüfte • bis zum Boden • vom Kragen bis zur Hüfte • um die Hüfte • um den Bauch • bis über das Knie

tragen • herabhängen • sitzen • ist/sind farblich abgesetzt • ist/sind gekennzeichnet • ist geknotet • zu einem Knoten gebunden sein • (herab)hängen • ist bestickt • befindet sich

leicht • weiß • hellblau • dunkelblau • hellbraun • beigefarben • goldfarben • breit • fein • eng • weit • lang • schmal • klein • langärmelig • glänzend • geschnörkelt • eng anliegend

5 **a** **Kreuze an, welche Wirkung die Frau auf dich hat:**

- ☐ freundlich
- ☐ abweisend
- ☐ gelangweilt
- ☐ interessiert
- ☐ sympathisch
- ☐ unsympathisch
- ☐ mürrisch
- ☐ zufrieden

b **Formuliere den Schluss in deinem Heft und schreibe, wie die Frau auf dich wirkt. Nutze hierfür dein Ergebnis aus Aufgabe 5 a, z. B.:** *Die Frau wirkt ...*

Ein Bild beschreiben

Information Ein Bild beschreiben

- **Einleitung:** Nenne **Titel, Künstler/-in, Erscheinungsjahr** und mache möglichst Angaben zur **Maltechnik** (z. B. *Aquarell, Öl auf Leinwand*) und zum **Format des Bildes** (z. B. *Hoch- oder Querformat, quadratisch*). Benenne dann das **Thema des Bildes** oder mache allgemeine Angaben zum Bildinhalt.
- **Hauptteil:** Beschreibe zuerst das **Hauptmotiv** (Was ist dargestellt?) und dann die **Einzelheiten. Gehe** dabei **geordnet vor,** ohne zu springen, z. B. von oben nach unten, von rechts nach links oder von vorne (Vordergrund) über die Mitte (Mittelgrund) nach hinten (Hintergrund). Mache auch Angaben zur **Farbgestaltung** (Welche Farben liegen vor und wie sind sie verteilt? Überwiegen helle oder dunkle Farbtöne?).
- **Schluss:** Beschreibe zum Schluss, **wie das Bild** insgesamt auf dich **wirkt.**
- Schreibe im **Präsens** und formuliere **sachlich.**

1 **a** **Betrachte das Bild, lies die Bildinformationen und die Angaben zum Titel.**
b **Notiere dann unten auf den Linien, was dargestellt ist.**

Hauptmotiv (Was wird dargestellt?):

Ausflug einer adligen Gesellschaft
zur Jagd mit

Landschaft (mit Gebäude):

Das Bild stammt aus einer Sammlung von Monatsbildern, die für jeden der zwölf Monate eine typische Tätigkeit der mittelalterlichen Gesellschaft veranschaulichen. Es zeigt Adlige bei der damals sehr beliebten Falkenjagd mit ihrem Falkner. Zur Ausstattung dieses Bediensteten gehört eine lange Stange, um damit Tiere aus den Büschen zu scheuchen.

Brüder von Limburg: Der Monat August
(aus dem „Stundenbuch des Herzogs von Berry", entstanden 1410–1416)

Figuren (z. B. Tätigkeit, Kleidung, Aussehen): Ein Falkner mit zwei Falken und einer langen Stange; zwei Paare und

Badende im

Bauern, die

2 **Untersuche den Aufbau des Bildes und ordne durch Verbindungslinien zu: Wo befindet sich was?**

Vordergrund	Stadt mit Schloss der Adligen
Mittelgrund	feine Jagdgesellschaft
Hintergrund	Bauern bei der Arbeit und Badende
oberhalb des Bildes	Himmelsbogen mit Sonne und Sternzeichen

3 **a** **Beschreibe die Farben des Bildes genau. Bilde hierzu auch zusammengesetzte Farbadjektive.**
TIPP: Zusammengesetzte Adjektive schreibst du zusammen, z. B.: hellgrün.

hell- • dunkel- • blass- • himmel- • azur- • tief- gold • sand

\+

grün • blau • grau • gelb • schwarz • weiß • braun • rot • rosa • beige • lila -farben

Kleidung: weiß, blassblau,

Landschaft:

Stadt/Schloss:

Himmelsbogen:

b **Beschreibe in einem Satz, wie die Farben des Bildes insgesamt auf dich wirken.**

Die Farben in dem Bild wirken insgesamt .

4 **Schreibe mit Hilfe der Vorarbeiten aus den Aufgaben 1–3 eine vollständige Bildbeschreibung ins Heft.**

5 **Beschreibe den Falkner im Bildvordergrund.**
TIPP: Der Falkner trägt ein Federspiel, mit dem er die Falken zurücklockt.

Treffende Verben: abgebildet sein • wirken • gezeigt werden • zu sehen sein • tragen • aussehen • besitzen • umgeben
Treffende Begriffe: Jagdgesellschaft • Umhang • Unterkleid • Tunika (Obergewand) • Haube • Verzierung • Damensitz • Zaumzeug • Satteldecke

Schildern

Einen schildernden Text untersuchen

Information **Schildern**

Wenn du eine Situation oder eine Stimmung schilderst, versuchst du, **mit Worten ein anschauliches und lebendiges Bild** zu **„malen“.** Dazu gibst du **Wahrnehmungen, Sinneseindrücke** sowie **persönliche Gedanken und Empfindungen** wieder.
Schilderungen kannst du im **Präsens** und im **Präteritum** verfassen.
Ein lebendiges Bild von einer Situation zeichnest du mit

- **anschaulichen Adjektiven** und **Partizipien,** z. B.: *stockdunkel, grell, eiskalt, verträumt,*
- **ausdrucksstarken Verben,** z. B.: *knistern, krabbeln, zischen, wirbeln,*
- **sprachlichen Bildern** wie Vergleichen, Metaphern und Personifikationen (▶ S. 21).

1 Lies das Merkwissen und den folgenden Textabschnitt aus einer Reportage sorgfältig. Weise dann mit Hilfe der Aufgaben 2 und 3 nach, dass es sich um einen gelungenen schildernden Text handelt.

Ein Tag in der Natur

Es ist kühl und schattig, denn die Sonne blinzelt nur gelegentlich durch die dichte Decke aus Laub. Patrick, der Leiter der Wanderung, geht mit schnellen Schritten voran. Er kennt den Wald wie seine Westentasche. Ab und zu weist er die Gruppe von sieben Jugendlichen auf den Laut eines Tieres im Dickicht, eine gedrungene Ulme von gewaltigem Umfang oder auf eine turmhohe Buche hin, die ihre Krone weit in den Himmel reckt. Fast 50 Meter werden diese Baumriesen hoch, fünfmal höher als ein gewöhnliches Einfamilienhaus.

Die Jugendlichen sind gut gelaunt, aber auch auffällig leise. Es wirkt, als würde die Ruhe des Waldes auf ihre Stimmung abfärben. „Ich komme mir vor wie in einem verwunschenen Märchenwald“, erklärt Emma und fügt hinzu: „Ich wusste gar nicht, dass es solche Urwälder noch gibt.“ Die anderen Jugendlichen nicken. Auch sie empfinden die besondere Atmosphäre des Ortes. „Dieser Wald ist wirklich sehr alt“, wirft Patrick ein, „aber ein naturbelassener Urwald ist er eigentlich nicht. So etwas findet man nur noch in ganz wenigen Ecken Europas.“ „Schade“, seufzt Emma. „Aber schön ist er ja trotzdem.“

Es geht nun eine ganze Weile bergan und die Gruppe fädelt sich zu einer Perlenschnur auf. Statt der leisen Gespräche hört man bald nur noch den regelmäßigen Atem der Jugendlichen. Jeder ist mit sich und dem nächsten Schritt beschäftigt. Dann, nach einem gut einstündigen Anstieg, wird irgendwo im Hintergrund ein Rauschen vernehmbar, das mit jedem weiteren Meter anschwillt. Die Gruppe tritt aus dem Wald und an den Rand einer Schlucht. Tief unten tost ein wilder Bach. Und direkt vor ihnen baumelt eine alte Hängebrücke …

2 Unterstreiche im Text, was die Jugendlichen sehen, fühlen und hören: Was nehmen sie bei ihrer Wanderung durch den Wald wahr? Welche Empfindungen haben sie?

3 Untersuche die Sprache des Textes.

a Markiere im ersten Absatz mindestens fünf anschauliche Adjektive gelb.
b Markiere im dritten Absatz mindestens drei ausdrucksstarke Verben blau.
c Lies das Merkwissen auf Seite 23 und markiere im gesamten Text mindestens fünf sprachliche Bilder grün.
d Schreibe aus den ersten drei Sätzen eine Metapher, einen Vergleich und eine Personifikation heraus.
e Benenne die Wirkung der sprachlichen Mittel in einem Satz. Arbeite im Heft.

Einen schildernden Text schreiben

Information **Sprachliche Bilder**

- **Vergleiche** veranschaulichen zum Beispiel die Eigenschaften von Menschen:
  Er ist stark wie ein Löwe. Sie ist schneller als ein Pfeil. Man erkennt sie an den Wörtern *wie* und *als*.
- **Personifikationen** vermenschlichen zum Beispiel die Natur:
  Der Wind kämmt die Blätter der Bäume alle in eine Richtung. Die Sonne lacht.
- **Metaphern** nutzen Wörter und Formulierungen in einem übertragenen Sinn:
  Baumkrone = Kopf des Baumes; Moosteppich = besonders weicher Untergrund aus Moos.

1 **Versetze dich in die geschilderte Situation am Ende des Textes: Die Gruppe steht vor der alten Hängebrücke und soll die Wanderung fortsetzen (▸ Z. 19 f.).**

a **Notiere mögliche Gefühle und Empfindungen der Jugendlichen.**

Nervenkitzel, __________

b **Sammle sprachliche Bilder, die den Wildbach, die Hängebrücke und den Weg über die Schlucht anschaulich beschreiben. Verwende den Wortspeicher und finde auch eigene Formulierungen.**

Löwe • alte Holzdielen • Wasser • Kochtopf • Seiltanz • Halm • Wind • Gischt • Hexenkessel • Abgrund • brüllen • tosen • um sich schlagen • sich herumwerfen • kochen • brodeln • schäumen • schwanken • festkrallen • knarzen • mit angehaltenem Atem • vorsichtig • tastend • morsch

Vergleiche: das Wasser schäumt und brodelt wie in einem Kochtopf, __________

Personifikationen: die Gischt schlägt um sich, __________

Metaphern: ein Tanz auf dem Seil, __________

2 **Setze die Reportage in deinem Heft fort. Schildere die Situation vor, während und direkt nach der Überquerung der Hängebrücke. Beginne so:** Die Jugendlichen tauschen Blicke untereinander. Nicht allen ist ganz wohl bei der Sache. In einer Tiefe von vielleicht sieben Metern brodelt das Wasser …

3 **Überarbeite deinen Text mit Hilfe der ESAU-Methode in deinem Heft.**

Methode **Texte überarbeiten: Das ESAU-Verfahren**

E steht für **Ergänzen:** Ergänze fehlende Wörter, Sätze und Gedanken.
S steht für **Streichen:** Streiche überflüssige Wörter, Sätze und Gedanken.
A steht für **Austauschen:** Tausche unpassende Wörter und Formulierungen durch treffende aus.
U steht für **Umstellen:** Bringe Wörter und Satzteile in eine richtige und gut lesbare Reihenfolge.

Eine Inhaltsangabe zu einer Geschichte schreiben

Eine Kalendergeschichte verstehen

Information Die Kalendergeschichte

Eine Kalendergeschichte ist eine **kurze Geschichte,** die **unterhalten** und **belehren** soll.
Viele Kalendergeschichten enthalten eine **überraschende Wendung (Pointe)** und eine **Lehre,** die der Erzähler offen aussprechen kann oder die die Leser sich selbst erschließen müssen.

Johann Peter Hebel

Der Wettermacher

Viele Handwerker sind fleißig. Aber manche handeln nicht mit Besen, sondern mit Betrug und Schelmerei. Also erscheint einmal einer in Obernehingen und geht gerade zum Schulz[1]. „Herr Schulz“, sagt er, „könnt Ihr kein anderes Wetter brauchen? Ich bin durch Euere Gemeinde gegangen. Die Felder in der Tiefe haben schon zu viel Regen gehabt, und auf der Höhe ist das Wachstum auch noch weit zurück.“ Der Schulz meinte, das sei geschwind gesagt, aber besser machen sei eine Kunst. „Ei“, erwidert der Mann, „auf das reise ich ja. Bin ich nicht der Wettermacher von Bologna? In Italien“, sagt er, „wo doch Orangen und Zitronen wachsen, wird alles Wetter auf Bestellung gemacht. Darin seid Ihr Deutschen noch zurück.“

Der Schulz ist ein guter und treuherziger Mann und gehört zu denen, die lieber geschwind reich werden möchten als langsam. Doch wollte er vorsichtig sein. „Macht mir morgen früh einen heitern Himmel zur Probe“, sagte er, „und ein paar kleine weiße Wölkchen dran, den ganzen Tag Sonnenschein und in der Luft so zarte, glänzende Fäden. Auf den Mittag könnt Ihr die ersten gelben Sommervögel loslassen, und gegen Abend darf's wieder kühl werden.“ Der Mann erwiderte: „Auf einen Tag kann ich mich nicht einlassen, Herr Schulz. Das wäre zu kostspielig. Ich mache das nur für ein ganzes Jahr. Dann sollt Ihr aber Not haben, wo Ihr Euere Frucht und Euern Wein unterbringen wollt.“

Auf die Frage des Schulzen, wie viel er für den Jahrgang fordere, verlangte er im Voraus nichts als täglich einen Gulden und freien Trunk, bis die Sache eingerichtet sei, es könne wenigstens drei Tage dauern; „hernach aber von jedem Liter Wein, den Ihr mehr bekommt“, sagte er, „als in den besten Jahren, ein Viertel, und von jedem Pfund Frucht ein Sechstel.“ „Das wär' nicht viel“, sagte der Schulz, und er bekam Respekt vor dem Wettermacher.

Als er nun aber Papier und Feder aus dem Schränklein holte und dem Mann das Wetter von Monat zu Monat vorschreiben wollte, wendete der ein: „Das geht nicht, Herr Schulz! Ihr müsst auch die Bürgerschaft dazu hören. Denn das Wetter ist eine Gemeindesache. Ihr könnt nicht verlangen, dass die ganze Bürgerschaft Euer Wetter annehmen soll.“ Da sprach der Schulz: „Ihr habt recht! Ihr seid ein verständiger Mann.“

Der geneigte Leser aber ist nun der Schelmerei des Wettermachers auf der rechten Spur, wenn er im Voraus vermutet, die Bürgerschaft sei sich über das Wetter nicht einig geworden. In der ersten Gemeindeversammlung wurde noch nichts ausgemacht, in der siebten auch noch nichts, in der achten kam es beinahe zum Streit, und ein verständiger Gerichtsmann glaubte endlich, um Frieden und Einigkeit in der Gemeinde zu erhalten, wäre es am besten, man zahlte den Wettermacher aus und schickte ihn fort.

Also bestellte der Schulz den Wettermacher zu sich: „Hier habt Ihr Euere neun Gulden, Unheilstifter, und nun macht, dass Ihr fortkommt, eh Mord und Totschlag in der Gemeinde ausbricht.“ Der Wettermacher ließ sich das nicht zweimal sagen. Er nahm das Geld, hinterließ eine Wirtsschuld von vierundzwanzig Maß Wein, und mit dem Wetter blieb es, wie es war.

1 der Schulz: Gemeindevorsteher

1 a Markiere im Text Antworten auf die beiden folgenden W-Fragen mit verschiedenen Farben:
- Wo spielt die Geschichte?
- Wer spielt eine wichtige Rolle in der Geschichte?

b Beantworte die folgende W-Frage in einem Satz: Worum geht es in der Geschichte?

Mit Hilfe von **W-Fragen** (z. B. Wo? Wann? Wer? Was? Wie?) findest du wichtige Informationen. Meist beantwortet ein Text aber nicht alle W-Fragen.

Es geht um einen Betrüger, der versucht

2 Ziemlich clever: Erkläre die List des Wettermachers, indem du die folgenden Sätze ergänzt.

Der Wettermacher weiß, dass die Bürgerschaft sich niemals

.

Deshalb muss er sein Können

3 Entscheide, welche Lehre am besten zu dieser Kalendergeschichte passt. Begründe deine Entscheidung anschließend mit Hilfe des Textes.
TIPP: Überlege, wer hier etwas lernen soll. Wem wird eine Lehre erteilt?

A Die Aussicht auf schnellen Gewinn macht leichtgläubig.

B Wer nicht wagt, der nicht gewinnt.

C Man kann das Wetter nicht kaufen.

Lehre ... passt am besten, weil

4 Gib der Kalendergeschichte eine Überschrift, die etwas mehr über den Inhalt verrät.

Eine Inhaltsangabe schreiben

Information **Eine Inhaltsangabe schreiben: Der Aufbau**

Eine Inhaltsangabe fasst den Inhalt eines Textes **knapp und sachlich** zusammen, sodass andere, die den Text nicht gelesen haben, über das Wesentliche informiert werden.

- In der **Einleitung** nennst du die Art des Textes (z. B. Anekdote, Kalendergeschichte), den Titel, den Namen des Autors / der Autorin und das Thema des Textes.
- Im **Hauptteil** fasst du die wichtigsten Ereignisse der Handlung (Handlungsschritte) in der zeitlich richtigen Reihenfolge zusammen

1 **Prüfe die Einleitungssätze A und B. Notiere jeweils, was verbessert werden sollte.**

A Die Anekdote „Der Wettermacher" handelt von einem Mann, der sich als Wettermacher ausgibt und so einen Bürgermeister um Geld betrügt.

B In der Kalendergeschichte „Der Wettermacher" von Johann Peter Hebel geht es um einen Mann, der behauptet, der Wettermacher von Bologna zu sein.

Einleitung A: Kalendergeschichte statt ____________________

Einleitung B: ____________________

2 **Schreibe einen eigenen Einleitungssatz in dein Heft.**

3 **Gliedere die Geschichte in Handlungsschritte. Fasse jeden Handlungsschritt in Stichpunkten zusammen und notiere jeweils auch die Zeilenangaben.**

Ein neuer **Handlungsschritt** beginnt z. B., wenn
- der **Ort** der Handlung wechselt,
- ein **Zeitsprung** stattfindet,
- eine neue **Figur** auftaucht oder
- die Handlung eine **Wendung** erfährt.

Z. 1– ____ : Handwerker schlägt Bürgermeister Geschäft vor: gutes Wetter gegen Bezahlung

Z. ____ : Bürgermeister fordert Probe, Betrüger lehnt Probe ab

____

Z. ____ : ____________________

____

Z. ____ : ____________________

____

Z. ____ : ____________________

____

Information **Eine Inhaltsangabe schreiben: Die Sprache**

Schreibe **sachlich und nüchtern,** vermeide ausschmückende Formulierungen.

- Formuliere in **eigenen Worten,** übernimm keine Passagen aus dem Originaltext.
- Verwende als Zeitform das **Präsens** (bei Vorzeitigkeit das Perfekt).
- Verdeutliche Zusammenhänge durch passende **Satzverknüpfungen** und **Satzanfänge,** z. B.: *Der Bürgermeister fordert eine Kostprobe, weil er sichergehen möchte. Daraufhin ...*
- Verwende **keine wörtliche Rede.** Wichtige Äußerungen von Figuren werden umschrieben oder in der indirekten Rede (▸ S. 47) wiedergegeben, z. B.: *Der Wettermacher erklärt, der Bürgermeister müsse zuerst die Bürgerschaft befragen.*

4 **Eine Inhaltsangabe sollte sachlich und nüchtern sein.**
Streiche in dem folgenden Textauszug alle Formulierungen durch, die zu ausführlich oder unsachlich sind.

Ein gemeiner und geldgieriger Mann fasst den Plan, die Bürger von Obernehingen, einer netten und beschaulichen Kleinstadt, um ihr wohlverdientes Geld zu betrügen. Das geht natürlich gar nicht! Er bietet an, für gutes Wetter zu sorgen und so die Ernte der Bauern zu verbessern. Schließlich verfüge er als Wettermacher von Bologna, wo alles prächtig gedeihe und bekanntlich das ganze Jahr über Orangen und Zitronen wüchsen, über beträchtliche Erfahrung.

5 **Verdeutliche die Zusammenhänge in den folgenden drei Sätzen.**
Nutze dafür eine geeignete Satzverknüpfung und einen geeigneten Satzanfang.
Wähle aus dem folgenden Angebot aus.

als • während • nachdem • weil • aber • deshalb • dann • damit

Der Bürgermeister freut sich über das Angebot. Er ist misstrauisch. Er fordert den Wettermacher auf, ihm für einen Tag sein Wunschwetter zu liefern.

____

____

____

6 **Gib die folgende Textpassage einmal durch eine Umschreibung und einmal in indirekter Rede wieder.**
TIPP 1: Verwende für die Umschreibung eigene Worte und keine direkte Rede.
TIPP 2: In der indirekten Rede steht das Verb im Konjunktiv I (▸ S. 47).

Der Wettermacher erwiderte: „Auf einen Tag kann ich mich nicht einlassen."

Umschreibung: ______________________________

Indirekte Rede: Der Wettermacher erwidert, er ______________________________

____

7 **Schreibe den Hauptteil der Inhaltsangabe ins Heft. Nutze deine Vorarbeiten aus den Aufgaben 3–6.**

Eine Ballade verstehen und gestaltend vortragen

Information Ballade

Balladen sind meist längere Gedichte mit einer spannenden Handlung. Sie stellen eine **Mischform aus Gedicht, Erzählung und Drama** (Theaterstück) dar.

- Wie **Gedichte** bestehen sie meist aus Strophen und Versen und reimen sich oft.
- Wie in **Erzählungen** wird die Handlung meist von einem Er-/Sie-Erzähler vermittelt.
- Wie in **Dramen** entwickelt sich die Handlung meist schnell zu einem Spannungshöhepunkt und kreist um einen Konflikt zwischen den Figuren. Außerdem enthält die Ballade häufig Dialoge.

1 Lies die Ballade „Nis Randers", die Otto Ernst um das Jahr 1900 verfasst hat.

Otto Ernst

Nis Randers

Krachen und Heulen und berstende Nacht,
Dunkel und Flammen in rasender Jagd –
Ein Schrei durch die Brandung!

Und brennt der Himmel, so sieht man's gut.
Ein Wrack auf der Sandbank! Noch wiegt es die Flut;
Gleich holt sich's der Abgrund.

Nis Randers lugt – und ohne Hast
Spricht er: „Da hängt noch ein Mann im Mast;
Wir müssen ihn holen."

Da fasst ihn die Mutter: „Du steigst mir nicht ein:
Dich will ich behalten, du bliebst mir allein,
Ich will's, deine Mutter!

Dein Vater ging unter und Momme, mein Sohn;
Drei Jahre verschollen ist Uwe schon,
Mein Uwe, mein Uwe!"

Nis tritt auf die Brücke. Die Mutter ihm nach!
Er weist nach dem Wrack und spricht gemach[1]:
„Und seine Mutter?"

Nun springt er ins Boot und mit ihm noch sechs:
Hohes, hartes Friesengewächs[2];
Schon sausen die Ruder.

Boot oben, Boot unten, ein Höllentanz!
Nun muss es zerschmettern ...! Nein: Es blieb ganz!
Wie lange? Wie lange?

Mit feurigen Geißeln[3] peitscht das Meer
Die menschenfressenden Rosse daher;
Sie schnauben und schäumen.

Wie hechelnde Hast sie zusammenzwingt!
Eins auf den Nacken des andern springt
Mit stampfenden Hufen!

Drei Wetter zusammen! Nun brennt die Welt!
Wie da? – Ein Boot, das landwärts hält –
Sie sind es! Sie kommen! – –

Und Auge und Ohr ins Dunkel gespannt ...
Still – ruft da nicht einer? – Er schreit's durch die Hand:
„Sagt Mutter, 's ist Uwe!"

1 gemach: langsam
2 das Friesengewächs: Einwohner Frieslands
3 die Geißel: Peitsche

2 a Worin besteht der Konflikt (die Meinungsverschiedenheit) zwischen Nis und seiner Mutter? Versetze dich in die Figuren und stelle ihren Standpunkt in einem Satz dar.

Mutter: Ich möchte auf keinen Fall ______________________

Nis: Aber ______________________

b Wer behält am Ende recht? Kreuze an:

☐ die Mutter ☐ Nis

3 In dieser Ballade wird ein schwerer Sturm auf dem Meer mit Hilfe von sprachlichen Bildern beschrieben. Verbinde die Bilder und ihre Bedeutung durch Linien. TIPP: Lies noch einmal im Text nach.

Bilder	Bedeutung
1 feurige Geißel (▸ V. 25)	A turmhohe Wellen
2 menschenfressende Rosse (▸ V. 26)	B krachende Gewitter mit Blitz und Donner
3 berstende Nacht (▸ V. 1)	C peitschende Blitze

Methode **Einen Balladenvortrag vorbereiten**

Nutze die besonderen Merkmale der Ballade für einen **wirkungsvollen Vortrag:**
- Überlege, welche **Sprechweise** zu den Figuren passt. Betone die **wörtliche Rede** entsprechend.
- Mache dir klar, wie sich die **Spannung** in der Ballade entwickelt, und steigere sie in deinem Vortrag entsprechend, z.B. durch **Pausen, Lautstärke, Sprechgeschwindigkeit.**

4 Welche Atmosphäre (Stimmung) herrscht in dieser Ballade? Lege einen Grundton für deinen Vortrag fest. Kreuze an und begründe.

☐ entspannt ☐ relativ angespannt ☐ nervenzerreißend

Begründung: ______________________

____

5 a Markiere die wörtliche Rede der beiden Figuren im Text mit verschiedenen Farben.

b Ordne den Figuren passende Adjektive aus dem Wortspeicher zu.

Mutter: ______________________

Nis: ______________________

ruhig • panisch • entschlossen • verzweifelt • hilfsbereit • sorgenvoll

c Probiere aus, wie du die wörtliche Rede der Figuren passend zu den Adjektiven sprechen kannst.

6 Bis hin zum glücklichen Ende steigt die Spannung immer mehr. Setze im Text Betonungszeichen (z. B. < = lauter, || = Pause, _ = besondere Betonung), die dies verdeutlichen bzw. hörbar machen.

7 Trage die Ballade auswendig vor und bitte um eine Rückmeldung.

Einen Sachtext lesen und verstehen

Einen Sachtext untersuchen

Methode **Einen Sachtext lesen und verstehen**

1. Schritt: Verschaffe dir vor dem Lesen einen Überblick.
- Lies nur die Überschriften und die ersten Zeilen der Absätze. Betrachte außerdem die Bilder.
- Überlege, worum es in dem Text geht und was du über das Thema weißt.
- Überlege, welche Erwartungen du an den Text hast. Was interessiert dich?

2. Schritt: Lies den Text zügig und bilde „Verstehensinseln“.
- Unterstreiche Textstellen, die du wichtig findest.
- Mache dir klar, was du nach dem ersten Lesen bereits verstanden hast.

3. Schritt: Lies den Text Absatz für Absatz gründlich.
- Notiere zu jedem Absatz eine Zwischenüberschrift, z. B. in Form einer Frage.
- Markiere Schlüsselwörter im Text, die deine Fragen aus den Zwischenüberschriften beantworten.
- Untersuche den Aufbau des Textes, um ihn noch besser zu verstehen.
- Kläre die Bedeutung schwieriger Wörter, z. B. aus dem Zusammenhang.

4. Schritt: Fasse die Informationen des Textes knapp zusammen.

1 **Verschaffe dir einen Überblick: Lies die Überschrift und die ersten Zeilen der Absätze. Betrachte außerdem die Bilder. Notiere dann in Stichwörtern, worum es in diesem Text gehen könnte.**

Die Tricks der Werbung

1 *Wie beeinflusst uns Werbung unbemerkt?*

Den wenigsten Menschen ist bewusst, welche Mechanismen in der Werbung am Werk sind. Dass Werbung uns beeinflusst, ist fast allen klar. Doch wie bringt die Werbeindustrie uns dazu, die von ihr beworbenen Produkte zu kaufen?

2 *Warum werden Farben in der Werbung eingesetzt?*

Bei vielen Methoden der Werbung wird mit der menschlichen Farbwahrnehmung gearbeitet. Schließlich reagieren wir in unserem Alltag ständig und oft sogar notwendigerweise auf Farben. Nehmen wir etwa die Ampel: Durch die Farben Grün und Rot wird der Impuls an uns geschickt, entweder zu fahren oder stehen zu bleiben. Dieses Beispiel verdeutlicht, dass unsere Wahrnehmung rasend schnell Impulse verarbeitet und wir Informationen, die Farben signalisieren, innerhalb von Sekunden umsetzen.

3

Diese Tatsache hat die Werbeindustrie selbstverständlich auch erkannt – und zwar nicht erst seit gestern. Das Zauberwort heißt Farbenpsychologie. Dabei werden die Assoziationen der Konsumenten gezielt ausgenutzt und befeuert. Wie dies funktioniert? Nun, zunächst wissen Werbeagenturen und die Marketingabteilungen ganz genau, mit welchen Farben sie welche Assoziationen hervorrufen. So wird beispielsweise Rot mit einem süßen, scharfen oder würzigen Geschmack und mit Leidenschaft verbunden. Rot zieht die Aufmerksamkeit auf sich und gehört schon dadurch zu den Lieblingsfarben der Werber. Weiß wiederum steht beispielsweise für Unschuld, aber auch für Sauberkeit.

4

Betrachten wir besonders die Lebensmittelindustrie, so ist dort der Trend zu beobachten, die Verpackungen grüner zu gestalten. Selbst die Hersteller von Süßwaren scheinen plötzlich den optischen Bezug zur Natur zu entdecken und nutzen vermehrt Elemente mit grünen Tönen. Ganz gezielt werden Produkte als umweltschonend, gesund und nachhaltig beworben. Immerhin sind viele Verbraucherinnen und Verbraucher bereit, für nachhaltige Produkte tiefer in die Tasche zu greifen.

5

Bemerkenswert im negativen Sinne ist es allerdings, wenn der Markt unrechtmäßig den Eindruck erwecken will, dass die angebotene Ware gesund und nachhaltig sei. Dieser Vorgang wird Greenwashing genannt. Tatsächlich gibt es viele Produkte, die einem Greenwashing unterzogen werden, „Quetschies" zum Beispiel. Angeblich helfen sie dabei, Kinder mit den Vitaminen gesunder Obstsorten zu versorgen. In Wirklichkeit geht es aber wohl nur um die sprudelnden Einnahmen der Hersteller. Denn „Quetschies" bestehen vor allem aus konzentriertem Fruchtzucker und sind daher keineswegs so gesund, wie behauptet wird. Schließlich gehören Fruchtzucker zu den sogenannten schnellen Kohlenhydraten. Aber nicht genug damit: Trotz des vermeintlich nachhaltigen Ansatzes werden die pürierten Früchte in Plastik und Aluminium verpackt. Leider entsteht dabei zusätzlich viel Müll. Dem Konsumenten wird also eine Ware verkauft, die er in Form von echtem Einzelobst wesentlich gesünder bekommen könnte – und das, ohne unnötigen Müll zu produzieren.

6

Es liegt auf der Hand, dass wir der Beeinflussung durch Farben nicht ganz entgehen können. Deshalb sollten wir imstande sein, Werbung zu reflektieren und zu hinterfragen.

2 **Worum geht es im Kern dieses Textes?**
Überprüfe deine Vermutung aus Aufgabe 1, indem du die richtige Antwort ankreuzt:

A ☐ Es geht um die zunehmende Bedeutung umweltfreundlicher Verpackungen.

B ☐ Es geht darum, wie Werbung versucht, Käufer mit Hilfe von Farben zu beeinflussen.

C ☐ Es geht um den mühsamen Job von Werbetextern.

D ☐ Es geht um die Geschwindigkeit, mit der unser Gehirn Farbimpulse verarbeitet.

3 a Lies den Text zügig durch und unterstreiche mit einem Bleistift, was du wichtig findest.
b Bilde erste Verstehensinseln: Halte zwei Aussagen stichpunktartig fest, die du verstanden hast.

____

____

4 Lies den Text Absatz für Absatz gründlich:
a Notiere über den Absätzen jeweils eine zentrale Frage, die in diesen Absätzen beantwortet wird.
TIPP: Die zwei ersten Fragen sind bereits vorgegeben.
b Markiere wie im ersten Absatz Schlüsselwörter, die für die Beantwortung deiner Fragen wichtig sind.
c Umkreise Wörter, die dir unbekannt sind. Kläre sie und schreibe sie mit Erläuterungen in dein Heft, z. B.:
Mechanismen (Z. 1) = Abläufe und Funktionen, die ineinandergreifen.

5 Erkläre mit eigenen Worten, was man unter „Greenwashing" versteht.

____

____

6 Verschaffe dir einen Überblick über den Aufbau des Textes, indem du die folgende Übersicht ergänzt.
Notiere deine Zwischenüberschriften und fasse den Inhalt jeweils knapp zusammen.

Absatz 1: *Wie beeinflusst uns Werbung unbemerkt?*

Inhalt: *Beeinflussung vorhanden; unklare Mechanismen*

Absatz 2: *Warum werden Farben in der Werbung eingesetzt?*

Inhalt: ____

Absatz 3: ____

Inhalt: ____

Absatz 4: ____

Inhalt: ____

Absatz 5: ____

Inhalt: ____

Absatz 6: ____

Inhalt: ____

7 **Untersuche, wie die Absätze 1 bis 6 inhaltlich aufeinander aufbauen. Kreuze jeweils die zutreffende Antwort an:**

1 ☐ wirft eine Frage auf und benennt das Thema.
☐ erläutert, wie Firmen gezielt für ihre Produkte werben.
2 ☐ führt ein Gegenargument an.
☐ benennt und begründet einen wichtigen Faktor der Beeinflussung.
3 ☐ begründet das Gegenargument anhand von Beispielen aus der Werbung.
☐ führt anhand von Beispielen aus, wie Werbung diesen Faktor nutzt.
4 ☐ geht auf einen Werbetrend in der Lebensmittelindustrie ein.
☐ erläutert die genaueren Vorgänge in unserem Gehirn.
5 ☐ zeigt anhand eines Beispiels Versuche der Verbrauchertäuschung auf.
☐ ruft zu gesunder Ernährung auf.
6 ☐ beantwortet abschließend eine Frage.
☐ fordert einen möglichst aufgeklärten Verbraucher.

8 **Bestimme die Funktion der folgenden Textstellen. Lies den Tippkasten und markiere die Textstellen dann mit unterschiedlichen Farben: informieren = grün, argumentieren = blau, appellieren = orange.**
TIPP: Wörter, die dir Hinweise auf die Funktion geben, sind unterstrichen.

A Dabei werden die Assoziationen der Konsumenten gezielt ausgenutzt und befeuert.
B Deshalb sollten Sie imstande sein, Werbung zu reflektieren und zu hinterfragen.
C Tatsache ist, dass das menschliche Gehirn Farbsignale sekundenschnell verarbeitet.

In Sachtexten finden sich häufig die folgenden Funktionen:
- **informieren** = sachlich unterrichten, beschreiben, erklären
- **argumentieren** = überzeugen, Pro und Kontra abwägen, werten
- **appellieren** = auffordern, aufrufen

9 **Fasse den Text in deinem Heft kurz zusammen. Gehe dabei besonders auf das „Greenwashing“ ein. Greife auf deine Vorarbeiten in Aufgabe 6 und 7 zurück und nutze den folgenden Anfang.**

Der Text „Die Tricks der Werbung“ wirft die Frage auf, mit welchen Mitteln … Dabei zeigt sich, dass der Farbe und der Farbwahrnehmung eine besondere Rolle zukommt. Anhand von Beispielen verdeutlicht der Text, wie Farben … Rot etwa …

10 **Chips, Schokolade, Cola, Limonaden, Energydrinks: Wähle ein Produkt aus, das du gut kennst, und erkläre in deinem Heft, wie mit Farbe für dieses Produkt geworben wird. Schreibe auf, für welche Inhalte (z. B. Wärme, Licht, Gesundheit, Vertrauen) die Farbe steht und wie das zu dem Produkt passt.**

Grafiken und Diagramme auswerten

Information **Diagramme verstehen und auswerten**

Diagramme sind anschauliche Darstellungen von Daten und Informationen.
Häufige **Diagrammarten** sind **Säulen-, Balken-, Kurven- und Kreisdiagramm.**
Um ein **Diagramm auszuwerten,** gehst du so vor:

- Lies die **Überschrift** und die übrigen Angaben und Erklärungen.
- Stelle fest, worüber das Diagramm informiert. Welche **Maßeinheiten** werden verwendet, z. B. Prozentzahlen (%), Kilo (kg), Euro (€)?
- **Vergleiche die Angaben miteinander** (höchster und niedrigster Wert, gleiche Werte).
- Fasse zusammen, was im Diagramm gezeigt wird. Was lässt sich ablesen?

1 **Werte die beiden Diagramme aus (▸ Merkwissen): Welche Informationen kannst du ihnen entnehmen bzw. aus ihnen ableiten? Kreuze Zutreffendes an.**

A ☐ Warum Menschen bestimmte Produkte kaufen, weiß man nicht.
B ☐ Farbe ist das wichtigste Kriterium bei einer Kaufentscheidung.
C ☐ Das wichtigste Kriterium beim Kauf ist die Marke.
D ☐ Kunden beurteilen ein Produkt nach reiflicher Überlegung.
E ☐ Kunden beurteilen ein Produkt häufig nach ihrem ersten Eindruck.
F ☐ Der erste Eindruck wird mehrheitlich von der Farbe beeinflusst.
G ☐ Die Farbe spielt für den ersten Eindruck von einem Produkt keine Rolle.
H ☐ Es ist wahrscheinlich, dass der erste Eindruck die Kaufentscheidung beeinflusst.

2 Ein Absatz des Sachtextes (▸ S. 28–29) wird durch den Inhalt des Kreisdiagramms (▸ S. 32) bestätigt. Überfliege noch einmal den Sachtext und notiere die Ziffer dieses Absatzes.

Absatz ______

3 Notiere jeweils den Fachbegriff für die Art der folgenden Diagramme.

A ______________________ B ______________________

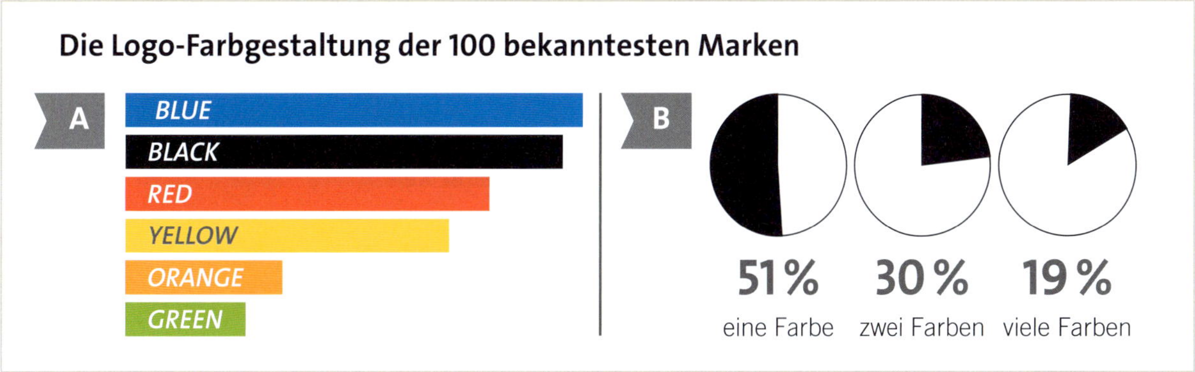

4 Werte die Diagramme mit Hilfe der Aufgaben a bis e aus.

a Kreuze an, welche Aussage die gemeinsame Überschrift der beiden Diagramme richtig wiedergibt.

Es geht um die Farbgestaltung von …

A ☐ Markenprodukten B ☐ Verpackungen C ☐ Markenlogos D ☐ Konsumgütern

b Notiere die Maßeinheit der Grafik B:

c Beschreibe in einem Satz, was die Grafik A veranschaulicht.

Die Grafik verdeutlicht, welche ______________________

____

d Erkläre, inwiefern Grafik B Grafik A präzisiert: Was erfährt man durch sie genauer?

Erst durch die Grafik B wird verständlich, dass es ______________________

____

e Notiere deine Vermutung: Welche Farben werden in zweifarbigen Logos wohl am häufigsten verwendet?

____

⊕ **5** Stell dir vor, du entwickelst die Verpackung eines neuen Joghurts. Worauf solltest du achten? Notiere in deinem Heft Tipps für die Farbgestaltung der Verpackung und des Logos. Greife dafür auf die Inhalte des Sachtextes (▸ S. 29, Absatz 4) und auf die Grafiken auf dieser Doppelseite zurück. Formuliere z. B.:

Achte unbedingt … / Wichtig ist …

Grammatik

Was kannst du schon?

1 **Bestimme die Wortarten in den Sätzen. Trage jeweils die richtige Ziffer ein. (7 Punkte)** ☐

Nomen: 1 • Artikel: 2 • Adjektiv: 3 • Verb: 4 • Präposition: 5 • Personalpronomen: 6 • Possessivpronomen: 7 • Demonstrativpronomen: 8 • Adverb: 9

A ☐Dieser ☐Daniel ☐Düsentrieb ☐ist ☐ein ☐genialer ☐Erfinder.

B ☐Er ☐stellt ☐immer ☐wieder ☐seinen ☐Einfallsreichtum ☐unter ☐Beweis.

2 **a Ersetze die markierten Nomen durch passende Pronomen aus dem Kasten. Notiere sie jeweils über den markierten Nomen. (4 Punkte)** ☐

sie • dieses • der • jene • ihm • sein

Daniel Düsentrieb hat auch eine Familie. Daniels (__________) Vater heißt Dübel Düsentrieb. Dübel Düsentrieb (__________) gehört ein Reparaturgeschäft. Das Geschäft (__________) nutzen die Entenhausener. Die Entenhausener (__________) bringen ihre kaputten Dinge dorthin.

b Bestimme den Kasus der Pronomen, indem du die richtigen Buchstaben in den Klammern notierst: N (für Nominativ), A (für Akkusativ), D (für Dativ), G (für Genitiv). (4 Punkte) ☐

3 **Setze die Infinitive in den Klammern je einmal im Präsens, Futur, Präteritum und Plusquamperfekt ein. Achte auch auf die passende Personalform der Verben. (4 Punkte)** ☐

Nachdem er im Monat zuvor nur einen kurzen Auftritt ____________________ (bekommen), ____________________ (erhalten) Daniel Düsentrieb im Juni 1952 eine feste Nebenrolle in den Donald-Duck-Comics.

Düsentrieb ____________________ (gehören) noch heute zu den beliebtesten Comicfiguren und ____________________ wohl noch viele Generationen von Lesern zum Lachen ____________________ (bringen).

4 **Formuliere die folgenden Sätze im Passiv. (4 Punkte)**

Erika Fuchs übersetzte die Comics. Sie erfand den Düsentrieb-Spruch: „Dem Ingeniör ist nichts zu schwör."

5 **Umrahme im folgenden Satz alle Satzglieder und notiere ihre Bezeichnung in Abkürzungen darunter, z. B.** AO/GO/DO/PO **(für die Objektarten),** AZ/AO **(für adverbiale Bestimmungen der Zeit oder des Ortes),** S **(für Subjekt) und** P **(für Prädikat). (6 Punkte)**

Den Namen Daniel Düsentrieb verwendet man heute im deutschsprachigen Raum für einen zerstreuten, aber genialen Erfinder.

6 **Verknüpfe die beiden Hauptsätze mit passenden Konjunktionen einmal zu einer Satzreihe und einmal zu einem Satzgefüge. (2 Punkte)**

Daniel arbeitet einfach immer.
Seine genialen Erfindungen lassen ihm keine Ruhe.

Satzreihe:

Satzgefüge:

7 **a** **Überprüfe deine Lösungen mit Hilfe des Lösungsheftes. Notiere deine Punktzahl neben den Aufgaben.**
b **Trage unten ein, wie du die Aufgaben bewältigt hast: ✓ das meiste richtig; ? = noch etwas unsicher.**

Aufgabe	**1** ☐	**2** ☐	**3** ☐	**4** ☐	**5** ☐	**6** ☐
weitere Übungen	Seite 36	Seite 38	Seite 39–41	Seite 42–45	Seite 52–57	Seite 58–66

Wortarten wiederholen

Wortarten unterscheiden

Information Wortarten

Es gibt Wortarten, die sich **beugen lassen** (konjugieren und deklinieren), und Wortarten, die sich **nicht beugen lassen.**

- **Konjugieren** kannst du nur Verben (Person, Anzahl, Zeitform, Aktiv/Passiv, Indikativ/Konjunktiv).
- **Deklinieren** kannst du Nomen, Artikel, fast alle Pronomen und Adjektive (Genus, Numerus, Kasus).
- **Nicht beugen** lassen sich Adverbien, Präpositionen und Konjunktionen.

1 Trage die Fachbegriffe für die Wortarten an der richtigen Stelle ein. Prüfe für die Zuordnung, ob und auf welche Weise du die Wortarten beugen kannst. Das Merkwissen oben hilft dir dabei.

Verb | Artikel | Pronomen | Konjunktion | Adjektiv | Nomen | Adverb | Präposition

Personalpronomen *ich, du, er/sie/es, wir, ihr, sie*

Possessivpronomen *mein, dein, unser, euer …*

Demonstrativpronomen *dieser, jener, der, das …*

Indefinitpronomen *kein, alle, jemand, etwas …*

bestimmt *der, die, das …*

unbestimmt *ein, eine, eines …*

Steigerung
Positiv (Grundform): *hoch*
Komparativ (1. Steigerungsstufe): *höher*
Superlativ (2. Steigerungsstufe): *am höchsten*

A ____________ (auch: Hauptwort) *Jongleur, Bühne, Clown*

B ____________ (Stellvertreter/Fürwort)

C ____________ Begleiter

D ____________ (Eigenschaftswort) *bunt, gelenkig, freundlich, musikalisch*

„deklinieren“ (beugen)

E ____________ (Tätigkeitswort) *werfen, schwingen, staunen*

„konjugieren“ (beugen)

- **Imperativ**
- **Personalendung** (Person, Anzahl)
- **Zeitform** (Tempus)
  - Futur
  - Präsens
  - Perfekt
  - Präteritum
  - Plusquamperfekt
- **Aktiv – Passiv**
- **Indikativ – Konjunktiv**

nicht beugen

F ____________ (Bindewort) *und, denn, weil, als, dass …*

G ____________ (Umstandswort) *abends, dort, bald, paarweise …*

H ____________ (Verhältniswort) *auf, an, mit, in, unter …*

Adverbien

Information **Das Adverb** (Umstandswort; Plural: die Adverbien)

Mit Adverbien (z. B. *dort, oben, hier, jetzt, kaum, gern, sehr, deshalb, nämlich*) **machst du nähere Angaben zu einem Geschehen.** Sie erklären genauer, **wo** (Adv. des Ortes), **wann** (Adv. der Zeit), **wie** (Adv. der Art und Weise) und **warum** (Adv. des Grundes) etwas geschieht, z. B.:
Dort wird heute ein Angebot gemacht. Es gilt nur für einen Tag. Deshalb greifen Sie zu!
TIPP: Adverbien kannst du leicht mit Adjektiven verwechseln. Im Gegensatz zum Adjektiv lassen sie sich jedoch nicht verändern, weder steigern noch in einen Kasus setzen.

1 **Bestimme die Funktion der unterstrichenen Adverbien. Notiere über den Wörtern ein O (für Ort), ein Z (für Zeit), ein AW (für Art und Weise) oder ein G (für Grund).**

Top Online-Angebot 1: Eine Packung „Nichts“

Dieser Artikel ist denen, die bereits alles haben, wärmstens zu empfehlen: eine Packung Nichts! Nirgends so günstig wie bei uns: Jetzt und heute gibt es eine Packung Nichts umsonst! Und so geht's:

1 Legen Sie zuerst Nichts in den Einkaufswagen des Onlineshops. 2 Geben Sie dann als Anzahl „0“ ein. 3 Bestellen Sie dadurch Nichts. 4 Bezahlen Sie deshalb auch nichts. Wir werden Ihnen sehr bald Nichts liefern.

2 **Unterstreiche im folgenden Text Adverbien der Zeit grün, des Ortes orange, der Art und Weise blau und des Grundes rot. Beachte den Tipp im Merkwissen.**

Top Online-Angebot 2: Warnwesten für Hühner

Unschuldige Hühner müssen auf ihren Ausflügen immer dann um ihr Leben fürchten, wenn die Sicht für Autofahrer schlecht ist, z. B. nachts oder bei dichtem Nebel. Leider gab es bei der Bekämpfung dieses Problems bisher kaum kluge Ansätze. Wir bieten nun endlich die perfekte Lösung: Warnwesten für Hühner zum besonders günstigen Preis von nur 17,34 €. Unsere Kunden – die Hühner und somit auch ihre stolzen und besorgten Besitzer – sind überall in der Welt zufrieden mit unserem Produkt, denn die Westen sind schick, passen stets wie angegossen und sind sehr wirksam. Die knalligen Farben und die seitlich angebrachten Reflexionsstreifen beginnen im Scheinwerferlicht zu funkeln. Dadurch wird auch der müdeste Fahrer munter und kann den Hühnern mit einem kleinen Schlenker ausweichen.

3 **Schreibe einen kurzen Werbetext für eine Packung „Alles“ in dein Heft. Verwende dazu Adverbien aus dem Merkwissen oben sowie aus Aufgabe 1 und unterstreiche sie.**

Pronomen

Information **Pronomen**

1 Mit **Personalpronomen** *(ich, du, er, sie, es, wir, ihr, sie)* kannst du **Nomen** (dazu gehören auch Namen) **ersetzen,** z. B.: *Eine Frau hat eine verrückte Idee. ~~Die Frau~~ Sie will die Sonne verkaufen.*

2 Mit **Possessivpronomen** *(mein/meine, dein/deine, sein/seine, ihr/ihre, unser/unsere, euer/eure, ihr/ihre)* **verdeutlichst du, zu wem etwas gehört,** z. B.: *ihr Angebot, mein Grundstück.*
Possessivpronomen begleiten meist Nomen und stehen dann auch im gleichen Kasus (Fall), z. B.: *wegen ihres Angebots, auf meinem Grundstück.*

3 Mit **Demonstrativpronomen** *(der/die/das, dieser/diese/dieses, jener/jene/jenes, solcher/solche/solches, derselbe/dieselbe/dasselbe)* **weist du besonders deutlich auf eine Person oder eine Sache hin,** z. B.: *Von allen Ideen ist gerade diese am überzeugendsten.*
Demonstrativpronomen können Begleiter oder Stellvertreter eines Nomens sein.

1 a Markiere im Text weitere vier Personalpronomen grün, weitere drei Possessivpronomen blau und weitere zwei Demonstrativpronomen orange.

b Kennzeichne wie im Beispiel mit einem Pfeil, worauf sich die Demonstrativpronomen jeweils beziehen. TIPP: Demonstrativpronomen können auf Wörter, Wortgruppen und Sätze hinweisen.

Verrückte Online-Angebote: Darf man unseren Heimatstern verkaufen?

Eine Spanierin hatte sich zur Besitzerin der Sonne erklärt. Anschließend bot sie im Internet ihre Grundstücke auf der Sonne an. Als diese sich gut verkauften, behielt das Internetportal jedoch das Geld ein. Es begründete dies damit, dass unsere Sonne niemandem gehören könne. Die Frau bestand aber auf ihrem Recht. „Die Sonne gehört mir und ich darf mein Eigentum verkaufen“, behauptete sie und zog vor Gericht. Dort berief sie sich auf den internationalen Weltraumvertrag. Denn in dem steht lediglich, dass Staaten keine Himmelskörper besitzen dürfen, von Einzelpersonen ist gar keine Rede.

2 Setze verschiedene Demonstrativpronomen ein, die auf die markierten Nomengruppen hinweisen. Verwende z. B. *der/die/das, dieser/diese/dieses* oder *jener/jene/jenes.* Achte dabei auf Kasus und Genus.

Ich besitze ein Mondgrundstück. ______________ ist allerdings sehr einsam gelegen. Gern hätte ich eine gute Nachbarschaft, aber ______________ lässt hier auf sich warten. Auch einen Baumarkt und eine Baumschule suche ich vergebens. ______________ brauche ich für mein Haus und ______________ für meinen Garten. Und einen DSL-Anschluss? ______________ gibt’s wohl nur auf der Erde.

⊕ **3** Zum Knobeln: Welches Personalpronomen kommt in der Deklinationstabelle (= alle Fälle im Singular und Plural) viermal vor? Notiere:

____

Die Tempora (Zeitformen) der Verben

Das Präsens und das Futur

Information **Die Zeitformen Präsens und Futur**

1 Das **Präsens** verwendest du,
- **um etwas auszudrücken, das gerade (in der Gegenwart) geschieht,** z. B.: *Ich lese ein Buch.*
- **wenn eine Aussage immer gilt,** z. B.: *Der Roman handelt von Abenteuerreisen.*
- **um etwas Zukünftiges ausdrücken,** z. B.: *Nächste Woche verreise ich.*

2 Das **Futur** verwendest du, um ein **zukünftiges Geschehen auszudrücken,** z. B.: *Ich werde Spannendes entdecken.*
Das Futur ist eine zusammengesetzte Zeitform aus zwei Teilen: einer Form von *werden* **im Präsens** und dem **Infinitiv des Verbs,** z. B.: *Ich werde reisen. Du wirst reisen.*

1 a **Unterstreiche im Text alle Verben im Präsens. Achtung: Es gibt auch Verben in anderen Zeitformen.**
b **Markiere die Verben im Präsens entsprechend ihrer Funktion entweder grün (drückt Gegenwärtiges aus), blau (drückt Allgemeingültiges aus) oder orange (verweist auf die Zukunft).**

Künstliche Elefanten

Jules Verne lebte von 1828 bis 1905 und gilt als bedeutender Science-Fiction-Autor, der viele technische Erfindungen, wie z. B. das U-Boot, in seinen Geschichten vorweggenommen hat. Manche seiner Roman-Erfindungen sind aber auch einfach nur kurios, beispielsweise der stählerne Elefant. Eine Dampfmaschine im Inneren des Elefanten treibt das riesige Tier an und sein Rüssel dient als Schornstein.

In Jules Vernes Geburtsstadt Nantes erwachen in diesen Tagen die Fantasien Jules Vernes in einer Ausstellung zu neuem Leben. Gerade stapft ein riesiger Dampfelefant über das Gelände. In seinem hohlen Inneren und auf seinem Rücken sind 50 begeisterte Besucher unterwegs. Die Veranstalter haben angekündigt, dass sie bis zum Ende des Jahres weitere Attraktionen zeigen.

2 **Für ihren nächsten Besuch der Ausstellung haben die Besucher verschiedene Fragen und Pläne. Ergänze die Sätze, indem du die Infinitive in den Klammern in die Zeitform Futur setzt.**

A Ich ______________ auf jeden Fall mit dem Unterwasserkarussell ______________ (fahren).

B ______________ du dich dann ______________ (trauen), mit mir auf der Riesenspinne zu reiten?

C Wir ______________ zum Mittelpunkt der Erde ______________ (reisen).

⊕ **3** **Setze Satz C aus Aufgabe 2 mit einem entsprechenden Verweis auf die Zukunft ins Präsens.**

____

____

Das Perfekt

Information **Die Zeitform Perfekt**

Wenn du **mündlich von etwas Vergangenem** erzählst, verwendest du meist das **Perfekt,** z. B.:
Max sagt: „Der Ingenieur hat eine Maschine ausgestellt. Er ist damit tatsächlich geflogen."
Das Perfekt ist eine **zusammengesetzte Zeitform,** die mit einer Form von ***haben*** oder ***sein*** im Präsens (z. B. *hat, ist*) und dem **Partizip II des Verbs** *(ausgestellt, geflogen)* gebildet wird.
TIPP: Verben der Fortbewegung bilden das Perfekt meist mit „sein", z. B.: *ich bin geflogen.*

1 **Im folgenden Interview erklärt Max, wie er zu seinem Hobby „Steampunk" gekommen ist. Unterstreiche in Max' Erklärung alle Perfektformen. TIPP: Perfektformen sind zweiteilig.**

Interviewer: Hallo, Max! Also, wenn ich das richtig verstehe, bauen Steampunker verrückte Maschinen, die an das Zeitalter der Dampfmaschinen erinnern. Außerdem entwerfen sie schrille Kostüme. Was fasziniert dich denn ganz besonders an dieser Bewegung?
Max: Mich haben vor allem zwei Dinge schon früh begeistert: das Fantastische und das Handwerk mit alten Materialien. Im Steampunk ist dann beides zusammengekommen. Ich habe zum Beispiel eine verrückte Maschine nachgebaut, auf die ich in einem Science-Fiction-Roman gestoßen bin, nur aus Holz, Leder und Zahnrädern. Als meine ersten Maschinen auch noch funktioniert haben, gelaufen sind und Dampf ausgestoßen haben, ist das für mich wie ein Traum gewesen. Seitdem hat die Faszination „Steampunk" mich nicht mehr losgelassen.

2 **a** **Die Sätze des Interviewers stehen im Präsens (▸ S. 39). Formuliere sie im Heft ins Perfekt um.**
b **Vergleiche die Sätze. Was trifft auf das Präsens, was auf das Perfekt zu? Notiere:**

Die Sätze wirken, als ob es Steampunk ...

... nicht mehr gibt. = P______________ • ... bis heute gibt. = ______________

3 **Setze in der Fortsetzung des Interviews die Infinitive in Klammern im Perfekt ein.**

Max: Steampunk ist für mich ein guter Kontrast zu unserer Alltagskultur. Es ______________ mich immer ______________ (stören), dass ich von so vielen Billigprodukten aus Plastik ______________ (umgeben). Ich ______________ früher kaum etwas ______________ (reparieren) und ständig alles weggeworfen. Beim Steampunk ______________ es dagegen auch um das Erhalten alter Dinge ______________ (gehen). Insofern ______________ in dieser Bewegung das traditionelle Handwerk und der Respekt vor der Umwelt wieder an Bedeutung ______________ (gewinnen).

⊕ **4** **Erkläre im Heft, warum Max in der folgenden Aussage das Perfekt verwendet. Was will er damit verdeutlichen?**

Max: „Wenn ich eine Maschine fertiggestellt habe, führe ich sie meinen Freunden vor."

Das Präteritum und das Plusquamperfekt

Information **Die Zeitformen Präteritum und Plusquamperfekt**

1 Das **Präteritum** ist eine **einfache Zeitform der Vergangenheit.** Du verwendest es vor allem in schriftlichen Erzählungen und Berichten.
- Bei den **regelmäßigen** (schwachen) **Verben** ändert sich der Vokal im Verbstamm nicht, wenn das Verb ins Präteritum gesetzt wird, z. B.: *sie verkauft* (Präsens) → *sie verkaufte* (Präteritum).
- Bei den **unregelmäßigen** (starken) **Verben ändert sich** im Präteritum der **Vokal im Verbstamm,** z. B.: *ich rufe* (Präsens) → *ich rief* (Präteritum).

2 Das **Plusquamperfekt** verwendest du, wenn etwas **zeitlich noch vor dem passiert,** von dem du im Präteritum oder im Perfekt berichtest, z. B.: *Nachdem sie Samt gekauft hatte, nähte sie ein Kleid.* Das Plusquamperfekt besteht **immer aus zwei Teilen.** Es wird mit einer Form von ***haben*** oder ***sein*** im Präteritum (z. B. *hatte, war*) und dem **Partizip II des Verbs** gebildet (z. B. *gestaunt, überwältigt*).

1 **a Unterstreiche im folgenden Bericht die Verben im Präteritum einfach und die Verben im Plusquamperfekt doppelt. TIPP: Verben im Plusquamperfekt sind zweiteilig.**

Ein ganz besonderer Jahrmarkt

Am Wochenende strömten Tausende Besucher in die Jahrhunderthalle nach Bochum. Hier hatten nämlich die Künstler der Steampunk-Bewegung ihre Stände aufgebaut und boten nun mit ihren ratternden Maschinen und Automaten einen fantastischen Anblick. Neben einem Fotoapparat mit einer Art Schornstein stand z. B. eine Taucherbrille mit rollenden Gläsern und überall drehten sich Zahnräder. Ebenso sehenswert wie die Ausstellungsstücke waren die Steampunker selbst. Viele hatten die fantastischsten Kostüme entworfen und sahen darin aus wie Figuren aus einer fremden, vergangenen Welt. Die meisten Besucher des Jahrmarkts blieben lange. Nachdem sie sich einen ersten Überblick verschafft hatten, liefen sie zu ihren Lieblingsstücken, handelten eifrig und zahlten dann doch gerne einen Euro mehr.

b Übertrage die Tabelle in dein Heft. Ordne die Verben im Präteritum richtig zu und ergänze den Infinitiv.

regelmäßige (schwache) Verben	unregelmäßige (starke) Verben
strömten – strömen	

2 **Verdeutliche die zeitliche Abfolge. Bilde dafür aus den beiden Hauptsätzen jeweils ein Satzgefüge mit der Konjunktion „nachdem“. Achte auf die richtigen Zeitformen und auf die Kommasetzung. Schreibe ins Heft.**

A 1769 entwickelte James Watt die Dampfmaschine entscheidend weiter. 80 Jahre zuvor erfand Denis Papin einen Dampfkochtopf.

B Die Dampfmaschine funktionierte. Sie ebnete den Weg für die Massenproduktion in Fabriken.

⊕ **3** **Setze die Verben der Bewegung ins Plusquamperfekt und notiere, was dir auffällt. Arbeite im Heft.**

laufen • fliegen • springen • kommen • gehen • schwimmen

Verben – Aktiv und Passiv

Aktiv und Passiv unterscheiden

Information **Aktiv und Passiv**

Aktiv und Passiv stellen ein Geschehen unterschiedlich dar:

- In einem **Aktivsatz** wird der/die Handelnde (Täter/-in) ausdrücklich genannt.
- In einem **Passivsatz** steht dagegen die **Handlung im Vordergrund** und der/die Handelnde (Täter/-in) bleibt meist ungenannt. Grammatisch zeigt sich das darin, dass das Subjekt des Aktivsatzes (= der Handelnde / der Täter) im Passivsatz häufig fehlt. Du kannst den Handelnden aber auch in einem Passivsatz nennen, und zwar mit Hilfe der Präpositionen *von* und *durch*.

  Aktiv: *Die Räuber* (Subjekt) *nutzen* *ein Fluggerät* (Akkusativobjekt).

  Passiv: *Ein Fluggerät* (Subjekt) *wird genutzt.* (täterloses Passiv)

  Ein Fluggerät wird (von den Räubern) genutzt. (Angabe der Täter mit „von“)
- Das Passiv wird mit einer Form von ***werden*** und dem **Partizip II (Perfekt)** des Verbs gebildet, z. B.: *So wird das Fluggerät gebaut. Die Täter werden überführt.*

1 **a** Unterstreiche in dem Zeitungsbericht über einen ungewöhnlichen Einbruch alle Verbformen mit Bleistift.

Eine neue Tat der „Raubkatzen“?

Nomburg In der letzten Nacht wurde in den obersten Stock des 30 Meter hohen Museumsturms eingebrochen. Das große Panoramafenster wurde von außen aufgeschnitten und eine wertvolle indische Statue wurde gestohlen.

Clevere Profis führten diese Tat aus. Denn zur Tatzeit hörte niemand verdächtige Geräusche. Auch wurden keinerlei Spuren an der Fassade entdeckt. Dafür wurden auf dem Boden etliche Abdrücke großer Katzentatzen und verkohlte Flecken gefunden.

Verübte die Bande „Die Raubkatzen“ den Einbruch? Von ihr wurden in letzter Zeit ähnlich spektakuläre Einbrüche ausgeführt. Dabei wurde am Tatort stets ihr Markenzeichen hinterlassen, die Tatzenspuren. Wir halten Sie auf dem Laufenden.

b Markiere alle Verben im Aktiv orange und alle Verben im Passiv grün.

c Umkreise in den Aktivsätzen die Handelnden.

d Formuliere die Aktivsätze in Passivsätze um und unterstreiche die Verbformen im Passiv.

TIPP: Nenne den Täter mit Hilfe der Präposition „von“, wenn es für die Satzaussage notwendig ist.

Diese Tat wurde von ...

Einen Vorgang mit Aktiv- und Passivsätzen beschreiben

1 Der Polizei wird ein Zettel zugespielt, auf dem die „Raubkatzenbande“ ihr Erfolgsgeheimnis lüftet: Raketenstiefel! Beschreibe, wie man die Stiefel richtig verwendet. Gehe so vor:

a Bilde zu den Stichpunkten auf dem Zettel Aktiv- und Passivsätze.

	Aktivform mit *man*	Passivform
1 Raketenstiefel anziehen	Man zieht die Raketenstiefel an.	Die Raketenstiefel werden angezogen.
2 Funktion der Düsen kontrollieren		
3 Treibstoffventil öffnen		
4 Zündschalter drücken		
5 Körper in aufrechte Haltung bringen		
6 Flugrichtung durch Körperhaltung steuern		
7 Geschwindigkeit mit Treibstoffventil regeln		

b Verfasse im Heft eine Vorgangsbeschreibung für den Flug mit den Raketenstiefeln. Verwende dabei
- Sätze im Aktiv und Passiv, damit dein Text nicht eintönig klingt, und
- Zeitadverbien *(zuerst, dann, anschließend …)*, damit der Ablauf des Vorgangs verständlich wird.

TIPP: Wenn du einige Sätze sinnvoll zu Satzgefügen verknüpfst, liest sich deine Beschreibung noch besser.

c Markiere in deiner Vorgangsbeschreibung die Verbformen im Aktiv orange und die im Passiv grün.

Das Passiv in verschiedenen Zeitformen verwenden

Information **Zeitformen im Aktiv und Passiv**

Das **Passiv** kannst du ebenso wie das Aktiv **in alle Zeitformen setzen:**

	Aktiv	**Passiv**
Präsens	*Filme zeigen Zukunftstechnik.*	*Zukunftstechnik wird gezeigt.*
Präteritum	*Filme zeigten Zukunftstechnik.*	*Zukunftstechnik wurde gezeigt.*
Perfekt	*Filme haben Zukunftstechnik gezeigt.*	*Zukunftstechnik ist gezeigt worden.*
Plusquamperfekt	*Filme hatten Zukunftstechnik gezeigt.*	*Zukunftstechnik war gezeigt worden.*
Futur I	*Filme werden Zukunftstechnik zeigen.*	*Zukunftstechnik wird gezeigt werden.*

1 a **Unterstreiche in den Sätzen über die Fernsehserie „Raumschiff Enterprise" alle Verbformen.**
b **Bestimme für jeden Satz die Zeitform und notiere sie in den Klammern.**
c **Setze die Sätze in der jeweils selben Zeitform ins Passiv. Verschweige dabei den Handelnden.**

A Der Physiker M. Tolan veröffentlichte ein Buch über die Technik des Raumschiffs. (________________)

Ein Buch über ________________

B Zuvor hatten Fans wilde Spekulationen in die Welt gesetzt. (________________)

____

C Aber das Buch hat nun viele offene Fragen geklärt. (________________)

____

D In einer Szene rettet Spock, der erste Offizier, Kapitän Kirk das Leben. (________________)

____

E Seine Raketenschuhe befördern Spock blitzschnell. (________________)

____

F Spock fasst den abstürzenden Kirk am Bein und stoppt seinen Fall. (________________)

____

G Aber ob Spock Kirk auch ganz unverletzt retten wird? (________________)

____

⊕ **2** **Der folgende Text wirkt umständlich. Formuliere die markierten Sätze in deinem Heft ins Aktiv um. Achte auf das richtige Tempus.**

Kirk wird von Spock unbeschadet gerettet. Das geht aber gar nicht, wird von Tolan erklärt. Bei Kirks Fallgeschwindigkeit hätte ihn ein plötzlicher Halt zerrissen.

Aktiv und Passiv

1 a Unterstreiche im folgenden Text alle Verbformen.

Technik in „Stark Trek – Raumschiff Enterprise“

Ob sich die fiktive Technik in der „Star Trek“-Welt mit den physikalischen Gesetzen verträgt, wurde von vielen Physikern untersucht. *Einige Erfindungen wurden von ihnen dabei als grundsätzlich machbar eingeschätzt.* Viele Objekte, die zur Produktionszeit der Serien in den 1960er-Jahren undenkbar waren, gehören heute zu unserem Alltag, z. B. Handys, Touchscreens, Headsets. Aber die meisten technischen Wunderwerke der Serie werden bis heute für unrealisierbar gehalten. So wird zum Beispiel die Fortbewegung mit Überlichtgeschwindigkeit viel diskutiert: <u>Raumschiffe überwinden im Film mit Hilfe des Warp-Antriebs interstellare Entfernungen schneller als Licht</u>. In der „Star Trek“-Physik werden Licht und andere Wellen um Raumschiffe herumgeleitet. So wird ein Feld erzeugt, das diese unsichtbar macht. <u>Sogenannte Replikatoren erfassen Gegenstände in ihrer Struktur und reproduzieren sie</u>. Damit werden viele Dinge des alltäglichen Bedarfs, wie zum Beispiel Lebensmittel, hergestellt – die schmecken allerdings nicht so gut wie die Originale. Am spannendsten ist aber wohl das Beamen. Mit dem sogenannten Teleporter verschwinden Gegenstände und Menschen an einer Stelle und tauchen an einer anderen wieder auf. Die Physiker rätseln, ob so etwas jemals erfunden werden wird.

b Markiere in dem Text alle Verbformen im Aktiv orange und alle im Passiv grün. (10 Punkte)

c Eine Verbform im Passiv steht im Futur I. Unterstreiche sie doppelt. (2 Punkte)

d Kreuze die richtige Antwort an: Im Text stehen alle anderen Passivformen im … (2 Punkte)

A ☐ Präteritum und Plusquamperfekt

B ☐ Präsens und Perfekt C ☐ Präsens und Präteritum

2 Formuliere die beiden unterstrichenen Sätze in Passivsätze um. Achte auf das Tempus. (4 Punkte)

A ______________________________

____

B ______________________________

____

3 Formuliere den schräg gedruckten Satz in einen Aktivsatz um. Achte auf das Tempus. (2 Punkte)

____

Überprüfe deine Lösungen mit Hilfe des Lösungsheftes. Für jede richtige Antwort bekommst du Punkte.

☺ 20–15 Punkte	😐 14–9 Punkte	☹ 8–0 Punkte
Gut gemacht!	Gar nicht schlecht, aber lies dir die Merkkästen auf den Seiten 39–44 noch einmal genau durch.	Arbeite die Seiten 39–44 noch einmal genau durch.

Verben – Konjunktiv

Mit dem Konjunktiv II Wünsche ausdrücken

Information **Konjunktiv II** (Irrealis)

Den Konjunktiv II verwendet man, wenn man ...
- ausdrücken möchte, dass etwas **unwirklich** (irreal) ist, zum Beispiel Wünsche, Fantasien oder unwirkliche Vorstellungen, z. B.: *Wäre ich Millionär ...; Hätte ich doch bloß Ferien!*
- eine Aufforderung **besonders höflich** formulieren möchte, z. B.: *Könnten Sie mir helfen?*

Der Konjunktiv II wird **vom Präteritum Indikativ abgeleitet.** Bei unregelmäßigen Verben werden ***a, o, u*** im Wortstamm zu ***ä, ö, ü.***

	Indikativ Präteritum	**Konjunktiv II**
regelmäßige Verben	*er ging*	*er ginge*
unregelmäßige Verben	*er sah*	*er sähe*

Die ***würde*-Ersatzform** kann man verwenden, wenn die Konjunktiv-II-Form
- nicht vom Indikativ Präteritum zu unterscheiden ist, z. B.: *ich wohnte → ich würde wohnen,*
- als ungebräuchlich empfunden wird, z. B.: *ich läse → ich würde lesen.*

1 a Markiere im folgenden Text alle Verben im Konjunktiv II.

Ein cleverer Wunsch?

Ein junger Mann bot seinen beiden Freunden eine Wette an: „Jeder von uns soll einen Wunsch frei haben. Derjenige mit dem größten Wunsch gewinnt." Da sagte der Erste: „Wenn ich einen Wunsch frei hätte, besäße ich gerne 100 Säcke, die voller Goldstücke wären." Der Zweite sagte: „Ich nähme 200-Euro-Scheine, die so viel wögen wie dein gesamtes Gold." Der junge Mann daraufhin: „Ich wäre gerne euer Erbe."

b Erkläre, warum an den markierten Stellen der Konjunktiv II verwendet wird.

Der Konjunktiv II wird hier verwendet, weil ______________________________.

2 Setze bei den Sätzen A bis D die Verben in den Konjunktiv II.

Wenn ich einen Wunsch frei hätte ...

A ______________________ (können) ich zaubern.

B ______________________ (fliegen) ich zum Mond.

C ______________________ (sein) ich Bundespräsident/-in.

D ______________________ (besitzen) ich einen eigenen Freizeitpark.

3 Erkläre in deinem Heft, warum in den Sätzen E und F die *würde*-Ersatzform verwendet wurde.

E Wenn ich einen Wunsch frei hätte, <u>würde</u> ich so gut wie ein Popstar <u>singen</u>.
F Wenn ich einen Wunsch frei hätte, <u>würde</u> ich einen Prinzen / eine Prinzessin <u>heiraten</u>.

Den Konjunktiv I in der indirekten Rede verwenden

Information **Konjunktiv I in der indirekten Rede**

Mit **der indirekten Rede** gibt man wieder, was jemand anderes gesagt hat. Das Verb steht in der indirekten Rede im **Konjunktiv I.** Bei der Umformung ändern sich auch die Pronomen, z. B.:

- *Der Bauer sagt: „Ich kaufe die Kuh."* (wörtliche Rede im Indikativ)
- *Der Bauer sagt, er kaufe die Kuh.* (indirekte Rede im Konjunktiv I)

Der Konjunktiv I wird **vom Infinitiv des Verbs abgeleitet:** An den Verbstamm (Infinitiv ohne *-en*) werden die Personalendungen für den Konjunktiv angehängt, z. B.:

Singular		Plural	
Indikativ Präsens	**Konjunktiv I**	**Indikativ Präsens**	**Konjunktiv I**
ich komm-e	*ich komm-**e***	*wir komm-en*	*wir komm-**en***
du komm-st	*du komm-**est***	*ihr komm-t*	*ihr komm-**et***
er/sie/es komm-t	*er/sie/es komm-**e***	*sie komm-en*	*sie komm-**en***

1 a Markiere im folgenden Text alle Verbformen im Indikativ grün und alle Verbformen im Konjunktiv I blau. Beachte: Manche Verbformen bestehen aus zwei Teilen.

Zwei Betrüger und eine wertvolle Kuh

Ein Bauer kaufte für 100 Taler eine Milchkuh. Als er die Kuh am nächsten Tag beim Rinderzüchter abholen wollte, erklärte dieser scheinheilig, er müsse ihm leider mitteilen, dass die Kuh letzte Nacht gestorben sei. Darauf entgegnete der Bauer erbost, er erwarte, dass er sofort sein Geld zurückbekomme. Der Züchter erklärte, er habe die 100 Taler leider schon ausgegeben. Da forderte der Bauer, der Rinderzüchter solle ihm wenigstens die tote Kuh überlassen, was dieser mit großer Verwunderung tat.

b Füge in der Fortsetzung der Geschichte die Verbformen im Konjunktiv I ein.

Nach einigen Tagen begegneten sich Bauer und Rinderzüchter erneut. Als der Rinderzüchter ihn vorsichtig nach seinem Befinden fragte, erzählte der Bauer, dass es ihm sehr gut gehe ________ (gehen), denn er ________ (besitzen) nun 999 Taler mehr. Er ________ (haben) nämlich die Kuh für 1000 Taler verlost. Daraufhin entgegnete der Züchter, man ________ (können) doch keine tote Kuh verlosen. Der Bauer erklärte, er ________ (haben) den 1000 Käufern der Lose nicht mitgeteilt, dass die Kuh nicht mehr ________ (leben). Erstaunt fragte der Rinderzüchter, ob sich denn niemand beschwert ________ (haben). Darauf entgegnete der Bauer, nur der Gewinner ________ (sein) verärgert gewesen. Diesem ________ (haben) er den einen Taler für sein Los zurückgegeben.

Ersatzformen für den Konjunktiv I in der indirekten Rede

Information **Ersatzformen für den Konjunktiv I in der indirekten Rede**

Bei der indirekten Rede (▸ S. 47) steht das Verb im Konjunktiv I. **Wenn** sich der **Konjunktiv I nicht vom Indikativ Präsens unterscheidet,** verwendet man in der Regel den **Konjunktiv II** (▸ S. 46):

- direkte Rede: *Er sagt: „Viele kommen ans Ziel."*
- indirekte Rede im Konjunktiv I: *Er sagt, viele kommen ans Ziel.* (Nicht eindeutig)
  → **indirekte Rede mit Konjunktiv II als Ersatzform:** *Er sagt, viele kämen ans Ziel.* (Eindeutig)

TIPP: Wenn der Konjunktiv II ungebräuchlich ist oder sich nicht vom Indikativ Präteritum unterscheidet, kann man die ***würde*-Ersatzform** verwenden, z. B.:
Er sagt, viele ~~träumen~~ (Konj. I) → *~~träumten~~* (Konj. II) → *würden von Reichtum träumen.*

1 a Im Text werden viele Aussagen in indirekter Rede wiedergegeben. Untersuche die unterstrichenen Verbformen und markiere: Wo wurde der Konjunktiv I verwendet, wo der Konjunktiv II und wo die *würde*-Ersatzform?

Geld stinkt nicht

Die Redewendung „Geld stinkt nicht" kommt aus dem alten Rom. Kaiser Vespasian befahl, dass alle Bürger für die Nutzung der öffentlichen Toiletten eine Steuer bezahlen müssten (Konj. I • Konj. II als Ersatzform • *würde*-Ersatzform). Sein Sohn erklärte, dass er das als ungerecht empfinde (Konj. I • Konj. II als Ersatzform • *würde*-Ersatzform). Da hielt der Kaiser seinem Sohn das eingenommene Geld unter die Nase. Er fragte ihn, ob es stinke (Konj. I • Konj. II als Ersatzform • *würde*-Ersatzform). Schließlich habe (Konj. I • Konj. II als Ersatzform • *würde*-Ersatzform) er es ja als Toilettensteuer eingenommen. Der Sohn räumte ein, dass sich der Geruch nicht von dem anderer Münzen unterscheide (Konj. I • Konj. II als Ersatzform • *würde*-Ersatzform). Damit wollte Vespasian seinem Sohn zeigen, dass es egal sei (Konj. I • Konj. II als Ersatzform • *würde*-Ersatzform), wofür die Bürger die Steuer zahlen würden (Konj. I • Konj. II als Ersatzform • *würde*-Ersatzform).

b Erkläre, warum im Text einmal der Konjunktiv II und einmal die *würde*-Ersatzform gewählt wurde.

Der Konjunktiv II wurde gewählt, weil der Konjunktiv I ______________________________

____

Die *würde*-Ersatzform wurde gewählt, weil ______________________________

____

⊕ **2 Forme die folgenden Sätze in indirekte Rede um. Entscheide, ob du die Verben in den Klammern in den Konjunktiv I oder in den Konjunktiv II oder in die *würde*-Ersatzform setzt. Schreibe in dein Heft.**

- Oma sagt, das *(kosten)* nur einen Apfel und ein Ei.
- Max erklärt, dies *(ist)* eine alte bäuerliche Redewendung. Bauern *(haben)* auf ihrem Hof meist sehr viele Äpfel und Eier. Daher *(kosten)* sie nicht viel, also sprichwörtlich nur einen Apfel und ein Ei.

Konjunktiv I und Konjunktiv II

1 **Die folgenden Sätze stehen in der indirekten Rede. Untersuche die markierten Verbformen und kreuze an: Wo wurde der Konjunktiv I verwendet, wo der Konjunktiv II und wo die *würde*-Ersatzform? (5 Punkte)** ☐

Indirekte Rede	Konj. I	Konj. II	*würde*-Ersatzform
A Henry erzählt, seine Großeltern hätten im Lotto eine schöne Stange Geld gewonnen.	☐	☐	☐
B Er erklärt, dass damit viel Geld gemeint sei.	☐	☐	☐
C Die Herkunft dieser Redewendung kenne er aber nicht.	☐	☐	☐
D Luis recherchiert und erklärt Henry dann, dass Banken ihre Münzen in Papierrollen lagern würden.	☐	☐	☐
E Unter einer „schönen Stange Geld" stelle man sich eine besonders lange und daher wertvolle Rolle mit Münzen vor.	☐	☐	☐

2 **Forme die folgenden Sätze in die indirekte Rede um. Beachte, dass sich auch die Pronomen bei der Umformung ändern. (8 Punkte)** ☐

Tom sagt: „Nils steht bei mir in der Kreide." Er erklärt: „Gastwirte schreiben manchmal die Rechnung ihrer Gäste mit Kreide auf. Sie müssen diese dann erst später zahlen. So lange stehen sie in der Kreide."

Tom sagt, Nils ____________________

____

____

____

____

3 **Mit den folgenden Sätzen wird etwas Unwirkliches ausgedrückt. Kreuze an: Wo kannst du den Konjunktiv II verwenden und wo ist die *würde*-Ersatzform geeigneter? (4 Punkte)** ☐

Wenn ich im Lotto gewinnen würde, ...

A1 ☐	hätte ich nie wieder Geldsorgen.	A2 ☐	würde ich nie wieder Geldsorgen haben.
B1 ☐	führe ich in den Urlaub.	B2 ☐	würde ich in den Urlaub fahren.
C1 ☐	spendete ich einen Teil des Geldes.	C1 ☐	würde ich einen Teil des Geldes spenden.
D1 ☐	müsste ich keine Jobs mehr annehmen.	D1 ☐	würde ich keine Jobs mehr annehmen müssen.

Vergleiche deine Ergebnisse mit dem Lösungsheft. Für jede richtige Antwort bekommst du einen Punkt.

☺ 17–14 Punkte	😐 13–9 Punkte	☹ 8–0 Punkte
Gut gemacht!	Gar nicht schlecht, aber lies dir die Merkkästen auf den Seiten 46–48 noch einmal genau durch.	Arbeite die Seiten 46–48 noch einmal genau durch.

Wortbedeutungen untersuchen

Fremdwörter

Information **Fremdwörter**

Fremdwörter sind Wörter, die **aus anderen Sprachen übernommen** wurden, sich aber oft in ihrer Aussprache und Schreibweise noch nicht oder nur zum Teil an die deutsche Sprache angepasst haben, z. B.: *die Atmosphäre* (aus dem Altgriechischen), *das Croissant* (aus dem Französischen). Viele Fremdwörter übernehmen wir gegenwärtig aus dem Englischen (**Anglizismen**), z. B.: *die Show.*

1 **a** **Ordne die Anglizismen im Wortspeicher den Themenbereichen Mode oder Computer/Medien zu.**
b **Schreibe zu jedem Anglizismus eine knappe Worterklärung.**
c **Ergänze zu jedem Thema einen weiteren Anglizismus mit Erklärung.**

der Jumpsuit • der Screenshot • der Catwalk • die Homepage • der Browser • der/das Hoodie • die Fashionshow • das Tutorial

Mode: der Jumpsuit: einteiliger Hosenanzug, ______

______

______

Computer/Medien: ______

______

______

2 **a** **Notiere zu den Worterklärungen unten die passenden griechischen Fremdwörter. Verwende die Wortbausteine aus dem Wortspeicher.**
b **Schreibe zu jedem Fremdwort ein verwandtes Adjektiv.**

bio (Leben) • -pathie (das Fühlen) • -kratie (Herrschaft) • psycho (Seele) • -grafie/graphie (Schreibung) • demo(s) (Volk) • ortho (recht, richtig) • -logie (Wissenschaft, Lehre) • syn/sym (zusammen, mit)

Herrschaft des Volkes: die Demokratie, demokratisch

Wissenschaft vom Leben: ______

richtige Schreibung: ______

Wissenschaft vom menschlichen Fühlen und Verhalten: ______

Zuneigung, Gefühl von Zusammengehörigkeit: ______

Fachwörter

Information **Fachwörter**

Fachwörter sind Wörter, die für bestimmte Wissensgebiete typisch sind, z. B. für die Biologie, die Medizin, das Recht, die digitale Datenverarbeitung und Kommunikation (Computer), für Deutsch (als Unterrichtsfach) usw. Die Bedeutung von Fachwörtern ist meist genauer festgelegt und weicht oft von der Bedeutung der Wörter in der Alltagssprache ab, z. B. bedeutet *Objekt* alltagssprachlich *Gegenstand*, fachsprachlich (Grammatik) bezeichnet das Wort eine bestimmte Art von Satzglied.

1 **a** **Notiere zu den Oberbegriffen unten jeweils zwei Fachwörter aus dem Wortspeicher.**
b **Ergänze jeweils einen weiteren passenden Fachbegriff.**

Konjunktion • adverbiale Bestimmung • Objekt • Personifikation • Satzschlusszeichen • Genitiv • Homonym • Doppelkonsonant • Präteritum • Präposition • Plusquamperfekt • Suffix • Metapher • Akkusativ • Anführungszeichen • Synonym • Präfix • offene Silbe

Tempus (Zeitform)	Wortbaustein	Satzglied
Präteritum, ______	______	______
______	______	______

Stilmittel	Kasus	Zeichensetzung
______	______	______
______	______	______

Wortart	Rechtschreibung	Wortbedeutung
______	______	______
______	______	______

2 **a** **Ordne den Fachwörtern aus dem Bereich „Kommunikation im Internet" die passende Erklärung zu.**

der Chat	Gesamtheit der hinter einer Webadresse stehenden Seiten im World Wide Web
der/das Blog	an Internetforen und Weblogs mit Fragen oder Kommentaren teilnehmen
der Podcast	im Internet angebotener (Radio-)Beitrag o. Ä. zum Herunterladen oder Streamen
die Website	sich verständigen, miteinander sprechen
der Link	tagebuchartige Aufzeichnungen zu einem bestimmten Thema auf einer Website
kommunizieren	im Internet angebotenes Medium, um online Informationen auszutauschen
posten	Verknüpfung mit einer Internetseite, die per Mausklick aktiviert werden kann

b **Wähle drei Fachbegriffe aus und notiere sie jeweils mit einem verwandten Wort, z. B.:** ***der Chat – chatten.***

______

Satzglieder

Satzglieder wiederholen – Subjekt, Prädikat, Objekte

Information Satzglieder erkennen und bestimmen

Wörter und Wortgruppen, die bei der **Umstellprobe** zusammenbleiben, bilden ein Satzglied.
Das **Prädikat** ist der Kern des Satzes und wird durch Verben gebildet. Die Personalform des Verbs (der gebeugte Teil) steht in einem Aussagesatz immer **an zweiter Satzgliedstelle,** z. B.: *Ich mag Hunde.*
Prädikate können aus einem oder mehreren Teilen bestehen. Mehrteilige Prädikate bilden eine Prädikatsklammer, z. B.: *Du hast diesen Hund gut erzogen. Wir kommen endlich an.*

Mit der **Frageprobe** könnt ihr weitere Satzglieder ermitteln:

Subjekt (Wer oder was ...?)	*Blindenhunde sind gut erzogen.*
Akkusativobjekt (Wen oder was ...?)	*Er trainiert den Hund täglich.*
Dativobjekt (Wem ...?)	*Er gibt dem Hund ein Leckerchen.*
Genitivobjekt (Wessen ...?)	*Sie war sich ihrer Sache sicher.*
Präpositionalobjekt (Worauf...? Woran ...? Worüber ...? Woraus ...? Wonach ...? usw.)	*Er achtet auf ein regelmäßiges Training. Wir denken an ihn.*

1 **Unterstreiche in jedem Satz die Prädikate. Du findest einteilige und zweiteilige Prädikate. Umkreise bei den zweiteiligen Prädikaten die beiden Verbformen.**

Blindenführhunde – Hunde mit Jobs

Blindenführhunde lotsen Menschen durch die Stadt und zeigen ihnen jedes Hindernis. Für diesen Job haben die Hunde eine spezielle Ausbildung absolviert. Rund 30 Befehle muss ein Blindenhund lernen. Erst dann kann er sein Frauchen oder Herrchen sicher durch den Alltag führen.

2 **Akkusativ-, Dativ- oder Genitivobjekt? Erfrage die markierten Objekte und notiere sie in Klammern.**

Begegnest du einem Blindenführhund (________________), solltest du einige Regeln beachten: Den Hund (________________) bitte nicht ablenken, denn Blindenhunde im Einsatz bedürfen höchster Konzentration (________________). Deshalb sollte man Blindenführhunde (________________) auch nicht streicheln. Wenn du selbst mit einem Hund unterwegs bist, solltest du Abstand halten, denn Blindenhunde dürfen während ihrer Arbeit keinen Kontakt (________________) zu anderen Tieren oder Menschen aufnehmen. Nimm deinen eigenen Hund (________________) deshalb an die Leine und halte genügend Abstand (________________) ein.

Information **Das Präpositionalobjekt**

Präpositionalobjekte (▶ S. 52) stehen **nach Verben, die** fest **mit einer Präposition verbunden** sind, z. B. *achten auf, lachen über, fragen nach, vertrauen auf, denken an*, z. B.: *Wir vertrauen auf dich.*
Wenn du das Präpositionalobjekt erfragst, ist die **Präposition in der Frageprobe enthalten,** z. B.:
Wir vertrauen auf dich. → *Worauf / Auf was vertrauen wir?*

3 **Erfrage die markierten Präpositionalobjekte in den folgenden Sätzen. Notiere in den Klammern das passende Fragewort aus dem Kasten.**

Der Toaster – eine geniale Erfindung

Jeden Morgen riecht es nach frischem Toast (____________). Schon beim Anziehen freue ich mich auf mein warmes, knuspriges Brot (____________). Seit wir einen Toaster haben, denke ich morgens gar nicht mehr an eine weitere Stunde Schlaf (____________). Ich danke Frank Shailor, der 1908 dieses Brotröstgerät erfand, für seine geniale Erfindung (____________).

4 **Bestimme die markierten Satzglieder. Notiere die zutreffenden Buchstaben in den Klammern.: S = Subjekt, AO = Akkusativobjekt, DO = Dativobjekt, GO= Genitivobjekt, PO = Präpositionalobjekt.**

Zipp und zu: Die Erfindung des Reißverschlusses

Wir benutzen ihn (________) täglich und schenken ihm (________) doch erst unsere Aufmerksamkeit (________), wenn er klemmt. Vor über 125 Jahren erfand Whitcomb Judson den Reißverschluss (________). Damals konnte er leider niemanden von seiner genialen Erfindung (________) überzeugen. Zu oft klemmten die Verschlüsse (________) und die Menschen konnten sich deshalb ihrer Schuhe (________) nicht mehr entledigen. Erst 1907 entwickelte ein Schwede namens Gideon Sunbäck (________) den Reißverschluss (________) so weiter, dass er praktikabel war.

⊕ **5** **Markiere im folgenden Satz die verschiedenen Objekte in unterschiedlichen Farben:**

Bevor der Reißverschluss seinen Siegeszug antreten konnte, wurden Kleidungsstücke mit Schnüren und Knöpfen zusammengehalten, was vielen heute sehr lästig wäre.

Satzglieder wiederholen – Adverbiale Bestimmungen

Information **Adverbiale Bestimmungen** (auch: Adverbialien)

- **Adverbiale Bestimmungen** (Umstandsbestimmungen) sind Satzglieder, die man mit den Fragen **Wann?, Wo?, Warum?, Wie?** ermittelt. Sie liefern Informationen über den **Ort,** die **Zeit,** den **Grund** und die **Art und Weise** eines Geschehens oder einer Handlung.
- Adverbiale Bestimmungen können aus einem oder mehreren Wörtern bestehen.

adverbiale Bestimmungen	Fragen	Beispiel
adverbiale Bestimmung **des Ortes**	Wo? Wohin? Woher?	*Auf Lernplakaten sollten keine Fehler stehen.*
adverbiale Bestimmung **der Zeit**	Wann? Wie lange? Seit wann?	*Gestern habe ich einen ganzen Text fehlerfrei geschrieben.*
adverbiale Bestimmung **des Grundes**	Warum? Weshalb?	*Wegen ein paar Fehlern muss man nicht alles neu schreiben.*
adverbiale Bestimmung **der Art und Weise**	Wie? Auf welche Weise? Womit?	*Viele Fehler kann man schnell korrigieren.*

1 **Bestimme die markierten adverbialen Bestimmungen mit Hilfe der Frageprobe. Trage die Buchstaben aus den Klammern an der richtigen Stelle auf dem Notizzettel ein. Von vorne nach hinten gelesen ergeben sich zwei Lösungswörter.**

Adverbiale Bestimmung

der Zeit: ____________

des Ortes: ____________

des Grundes: ____________

der Art und Weise: ____________

Erfolg durch „Liquid Paper"

„Muss ich jetzt wegen eines Fehlers (n) alles neu (u) schreiben?" Diese Sorge müssen wir heute (g) dank der Erfindung von Bette Graham (d) nicht mehr haben. Die junge Amerikanerin, die damals (e) bei einer Bank (e) arbeitete, hatte eine ausgezeichnete Idee: Sie übermalte ihre Schreibfehler und ließ sie auf diese Weise (n) spurlos (g) verschwinden „Ich füllte etwas wasserlösliche Deckfarbe in eine Flasche (e) und nahm meinen kleinen Pinsel mit ins Büro (r). Damit korrigierte ich meine Fehler." Das Ergebnis überzeugte sofort (n) und Bette Graham ließ sich ihre Erfindung 1958 (i) unter dem Namen „Liquid Paper" patentieren. In den ersten Jahren (a) füllte sie die Korrekturflüssigkeit in ihrer Garage (f) ab. Aber schon einige Jahre später (l) eröffnete sie ihre eigene Fabrik und verkaufte ihr „flüssiges Papier" in 31 Länder (i).

2 Im folgenden Text wurde zu viel „Liquid Paper“ verwendet.
Fülle die Lücken durch passende adverbiale Bestimmungen aus dem Wortspeicher unten.

„Flüssiges Papier“ gibt es ______________________. Wetten, dass ihr es kennt? Die Korrekturflüssigkeit wird ______________________ abgepackt. Und der Pinsel, mit dem die Flüssigkeit ______________________ aufgetragen wird, ist ______________________ befestigt. Bestimmt habt ihr diese kleinen Fläschchen schon gesehen. Wer seine Texte ______________________ schreibt, kann Fehler ______________________ korrigieren. Und du? Wie korrigierst du deine Fehler?

am Computer • noch heute • in der Verschlusskappe • mit der Korrekturtaste • auch noch im 21. Jahrhundert • auf das Papier • in kleine Fläschchen

3 **a** Der folgende Satz aus einem Zeitungsbericht ist ungenau. Überarbeite ihn, indem du passende adverbiale Bestimmungen ergänzt. Nimm hierzu die Patenturkunde unten zu Hilfe. Schreibe in dein Heft.

Mary Anderson wurde ein Patent erteilt.

b Markiere in deinem überarbeiteten Satz die adverbialen Bestimmungen in den folgenden Farben: adverbiale Bestimmung der Zeit, des Ortes und des Grundes.

4 Ergänze den folgenden Satz selbst durch eine adverbiale Bestimmung der Zeit, des Ortes und der Art und Weise. Markiere die adverbialen Bestimmungen anschließend in verschiedenen Farben.
Die Presse wartet auf die Verkündung des Nobelpreises.

Attribute in Satzgliedern entdecken

Information **Attribute** (Beifügungen)

- Attribute **bestimmen ein Bezugswort** (meist ein Nomen) **näher.** Ein Attribut ist **immer nur ein Teil eines Satzglieds** und bleibt bei der Umstellprobe mit seinem Bezugswort verbunden, z. B.:
  Die junge Forscherin trägt eine Schutzbrille mit dunklen Gläsern.
  Eine Schutzbrille mit dunklen Gläsern trägt die junge Forscherin.
- Attribute können **vor oder nach ihren Bezugswörtern** stehen. Man kann sie mit **„Was für ...?"** erfragen, z. B.: *Was für eine Brille? Eine Brille mit Schutzgläsern.*
- Attribute gibt es in unterschiedlichen sprachlichen Formen:
  - **Adjektivattribut,** z. B.: *eine neuartige Technik,*
  - **präpositionales Attribut,** z. B.: *der Nobelpreis für Physik, Bauteile zum Auswechseln,*
  - **Genitivattribut,** z. B.: *der Erfolg der Forscherin,*
  - **Apposition** (nachgestelltes Nomen im gleichen **Kasus** wie das Bezugswort), z. B.:
    Melitta Benz, eine Hausfrau aus Dresden, erfand den Kaffeefilter.

1 Finde mit Hilfe der Umstellprobe alle Attribute mit ihren Bezugswörtern. Unterstreiche die Attribute und kennzeichne mit einem Pfeil, auf welches Bezugswort sich das jeweilige Attribut bezieht.

Was ist Sprachsteuerung?

Sprechen statt tippen: Heute verwenden viele Smartphone-Nutzer zur SMS-Erstellung ihre Stimme. Die menschliche Stimme als Steuerungsinstrument von Geräten und Maschinen gehört zu den revolutionärsten Erfindungen. Der intelligente Sprachassistent dient nicht nur der Bequemlichkeit. Interessant ist der Einsatz von Sprachsteuerung vor allem für ältere Menschen oder Menschen mit Behinderung. Rollstuhlfahrer/-innen können zum Beispiel nur mit der Stimme Türen, Lichtschalter und andere Geräte bedienen.

2 Bestimme die markierten Attribute nach ihrer Form.
Markiere dazu jeweils die Buchstabenkombination, die das richtige Attribut angibt:
AA = Adjektivattribut, PA = präpositionales Attribut, GA = Genitivattribut, AP = Apposition.

Auch in der Medizin werden Operationsmikroskope mit Sprachsteuerung (AA • PA • GA • AP) eingesetzt. Das Instrument, ein leistungsstarkes Gerät mit Kamerasystemen (AA • PA • GA • AP), reagiert dabei nur auf die persönliche (AA • PA • GA • AP) Stimme des Operierenden (AA • PA • GA • AP) und kann nicht durch die Gespräche des OP-Personals (AA • PA • GA • AP) „irritiert" werden.

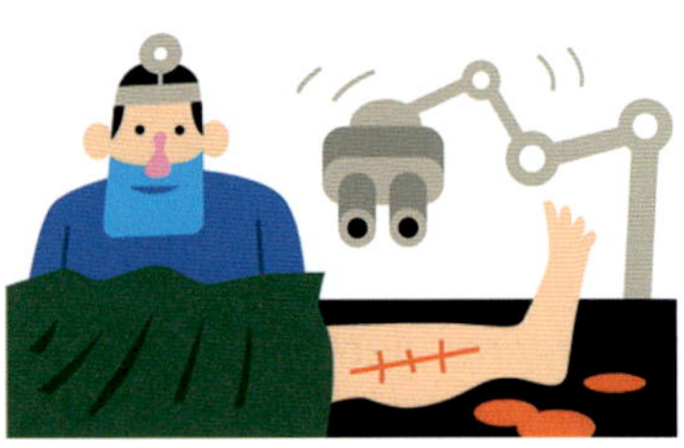

Satzglieder und Satzgliedteile (Attribute)

1 a Erfrage die markierten Satzglieder und notiere ihre genaue Bezeichnung in den Klammern. (13 Punkte)

Viele Erfindungen (______________________) verdanken wir dem reinen Zufall (______________________). Und manchmal bringt die Nachlässigkeit eines Wissenschaftlers (______________________) eine geniale Entdeckung hervor. Während eines Sommerurlaubs (______________________) ließ der schottische Mediziner Alexander Fleming eine Probe im Labor (______________________) zurück. Durch ein offenes Fenster (______________________) landeten Pilzsporen auf der Versuchskultur mit Bakterien (______________________). Nach seinem Urlaub nahm sich der Mediziner der Glasschale (______________________) an und war über das Ergebnis (______________________) höchst erstaunt: Der grüne Schimmelpilz hatte die Bakterien (______________________) in der Glasschale zerstört. Damit hatte der Forscher zufällig ein Mittel gegen bakterielle Erkrankungen (______________________) gefunden: das Penicillin. Diese Zufallsentdeckung (______________________) brachte Fleming 1945 sogar den Nobelpreis (______________________).

b In fünf der markierten Satzglieder stecken Attribute. Kreise diese fünf Attribute ein. (5 Punkte)

Überprüfe deine Lösungen mit Hilfe des Lösungsheftes. Für jede richtige Antwort bekommst du einen Punkt.

☺ 18–14 Punkte	😐 13–8 Punkte	☹ 7–0 Punkte
Gut gemacht!	Gar nicht schlecht, aber lies dir die Merkkästen auf den Seiten 52–56 noch einmal genau durch.	Arbeite die Seiten 52–57 noch einmal genau durch.

Sätze unterscheiden

Satzreihe und Satzgefüge wiederholen

Information **Die Satzreihe** (Hauptsatz + Hauptsatz)

- Eine **Satzreihe** ist ein Satz, der aus **zwei** oder mehr **Hauptsätzen** besteht. Die Hauptsätze werden durch ein **Komma** voneinander getrennt, z. B.: *Er geht langsam, sie läuft schnell.*
- Häufig werden Hauptsätze durch die **nebenordnenden Konjunktionen** wie *und, oder, aber, doch, sondern, denn* miteinander verbunden, z. B.:
  Einige Erfindungen sind Zufallsprodukte, *denn sie waren nicht geplant.*
  Hauptsatz – Komma – Konjunktion – Hauptsatz
  Nur vor den Konjunktionen *und* bzw. *oder* darf das Komma entfallen.

1 **Verknüpfe die folgenden Hauptsätze zu Satzreihen. Verwende passende Konjunktionen aus dem Merkkasten oben und achte auf die Kommasetzung.**

A Viele halten den Teebeutel für eine ausgeklügelte Erfindung. Er wurde durch Zufall entdeckt.

B Um 1904 verschickte ein Teehändler kleine Teeproben. Er wollte für eine neue Teesorte werben.

C Für den Versand seiner Teeproben wählte er keine teuren Blechdosen. Er füllte den Tee in kleine Seidenbeutel ab.

D Seine Kunden nahmen den Tee nicht aus den Beuteln. Sie nutzten sie wie unsere heutigen Teebeutel.

2 **Zähle, aus wie vielen Hauptsätzen diese Satzreihe besteht. Schreibe die Zahl ins Kästchen.** ☐

Die ersten Teebeutel wurden durch Zufall erfunden, aber sie entsprachen geschmacklich noch nicht unseren heutigen Teebeuteln, denn sie wurden zugeklebt und der Tee schmeckte deshalb nach Klebstoff, aber das Problem wurde bald gelöst, denn man nahm als Verschluss eine Metallklammer.

Information **Das Satzgefüge** (Hauptsatz + Nebensatz)

- Ein **Satzgefüge** ist ein Satz, der mindestens aus einem **Hauptsatz und** einem **Nebensatz** besteht. Der Nebensatz wird oft mit einer **unterordnenden Konjunktion** *(weil, obwohl, wenn, sodass, nachdem, bevor, während)* oder mit einem Relativpronomen *(der, die, das; welcher, welche, welches)* eingeleitet.
- **Zwischen Hauptsatz und Nebensatz** muss **immer** ein **Komma** stehen.
- Der Nebensatz kann vor, zwischen oder nach dem Hauptsatz stehen, z. B.:
  Ein Koch erfand zufällig die Kartoffelchips, weil ein kritischer Gast ihn verärgert hatte.
  Hauptsatz: Personalform des Verbs an zweiter Satzgliedstelle – Komma – Konjunktion – Nebensatz: Personalform des Verbs am Satzende

TIPP: Im Hauptsatz steht die Personalform des Verbs an 2. Satzgliedstelle. Im Nebensatz steht sie am Satzende.

1 **a** **Umkreise in den Satzgefügen die Konjunktionen, die die Nebensätze einleiten.**
b **Markiere dann die Personalform des Verbs im Nebensatz.**
c **Zeichne unter die Sätze einen Satzbauplan. Orientiere dich am vorgegebenen Beispiel.**

A Ein Forscher erfand durch Zufall das Klebeband, als er ein Wundpflaster entwickeln wollte.

——— Hs ———, ——— Ns ———.

B Das Pflaster war in der Medizin nicht nutzbar, weil es viel zu fest auf der Haut klebte.

C Die Haut wurde, wenn man das Pflaster abnahm, fast mit heruntergerissen.

D Da das Pflaster aber zum Flicken löchriger Fahrradreifen taugte, wurde es als Klebeband verkauft.

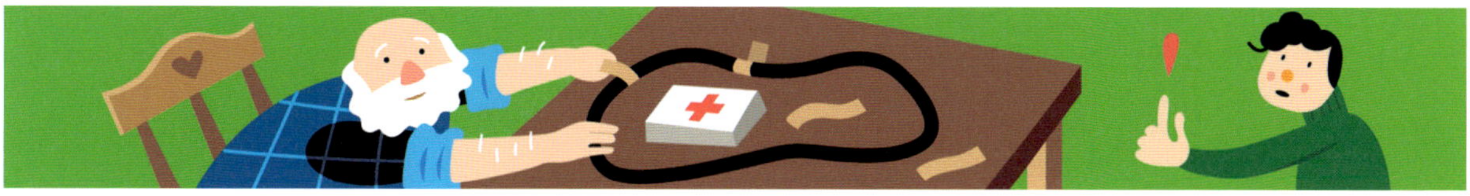

2 **Verbinde die Satzpaare unter A, B und C zu Satzgefügen.**
Verwende passende Konjunktionen aus dem Merkkasten oben und achte auf die Kommas.
Schreibe in dein Heft.

A 1853 beschwerte sich ein Gast über zu dicke und matschige Bratkartoffeln. Diese waren in einem tadellosen Zustand.
B Der verärgerte Koch servierte dem Gast nun extradünne, frittierte Kartoffelscheiben. Er wollte sich an dem Gast rächen.
C Der Gast war aber von dem Snack begeistert. Die neue Kreation wurde als Kartoffelchips verkauft.

3 **Zeichne im Heft einen Satzbauplan zu folgendem verschachtelten Satzgefüge:**

Porzellan wurde zufällig entdeckt, als ein Chemiker, der Gold herstellen wollte, verschiedene Stoffe mischte.

Nebensätze unterscheiden – Relativsätze

Information **Der Relativsatz**

Relativsätze sind **Nebensätze,** die ein vorausgegangenes Bezugswort im Hauptsatz näher erklären. Sie werden mit einem **Relativpronomen** *(der, die, das; welcher, welche, welches)* eingeleitet und durch ein Komma vom Hauptsatz abgetrennt, z. B.: *Hier steht das Experiment, das ich aufgebaut habe.*

1 **a** **Verknüpfe die Hauptsätze zu einem Satzgefüge mit Relativsatz. Verwende passende Relativpronomen und setze alle nötigen Kommas.**
b **Markiere in jedem Relativsatz das Relativpronomen und kennzeichne mit einem Pfeil, auf welches Nomen es sich bezieht.**

Strom aus der Zitrone

Entferne von den beiden Kabelenden ein Stück der Isolierung. Sie umgibt die Kupferkabel.

Entferne von den beiden Kabelenden ein Stück der Isolierung, die die Kupferkabel umgibt.

Wickle ein Kabelende um eine Büroklammer. Die Büroklammer besteht aus Eisen.

Das andere Kabelende wickelst du um eine Reißzwecke. Sie sollte aus Kupfer oder Messing bestehen.

Büroklammer und Reißzwecke steckst du in eine Zitrone. Die Zitrone kannst du in jedem Supermarkt kaufen.

Verbinde die beiden Kabelenden mit einer Glühlampe. Die Glühlampe findest du z. B. in einer Taschenlampe.

⊕ **2** **Forme die unterstrichenen Attribute in Relativsätze um. Achte auf die Kommas. Schreibe in dein Heft.**

- Die in der Pflanzenwelt häufig vorkommende Zitronensäure kann elektrischen Strom leiten.
- Die in der Zitrone steckenden Metalle bilden einen Plus- und einen Minuspol.
- Die vom Plus- zum Minuspol fließenden Elektroden bilden einen Stromkreis.

Attribute in Satzgliedern entdecken

Seite 56

1 **Was ist Sprachsteuerung?**

Sprechen statt tippen: Heute verwenden viele Smartphone-Nutzer zur SMS-Erstellung ihre Stimme.

Die menschliche Stimme als Steuerungsinstrument von Geräten und Maschinen gehört zu den revolutionärsten Erfindungen. Der intelligente Sprachassistent dient nicht nur der Bequemlichkeit.

Interessant ist der Einsatz von Sprachsteuerung vor allem für ältere Menschen oder Menschen mit Behinderung.

Rollstuhlfahrer/-innen können zum Beispiel nur mit der Stimme Türen, Lichtschalter und andere Geräte bedienen.

2 A = Adjektivattribut, P = präpositionales Attribut, G = Genitivattribut, AP = Apposition
Auch in der Medizin werden Operationsmikroskope mit Sprachsteuerung (A – P – G – AP) eingesetzt. Das Instrument, ein leistungsstarkes Gerät mit Kamerasystemen (A – P – G – AP), reagiert dabei nur auf die persönliche (A – P – G – AP) Stimme des Operierenden (A – P – G – AP) und kann nicht durch die Gespräche des OP-Personals (A – P – G – AP) „irritiert" werden.

Teste dich! – Satzglieder und Satzgliedteile (Attribute)

Seite 57

1 a + b

Viele Erfindungen **(Akkusativobjekt)** verdanken wir dem reinen Zufall **(Dativobjekt).** Und manchmal bringt die Nachlässigkeit eines Wissenschaftlers **(Subjekt)** eine geniale Entdeckung hervor. Während eines Sommerurlaubs **(adverbiale Bestimmung der Zeit)** ließ der schottische Mediziner Alexander Fleming eine Probe im Labor **(adverbiale Bestimmung des Ortes)** zurück. Durch ein offenes Fenster **(adverbiale Bestimmung der Art und Weise)** landeten Pilzsporen auf der Versuchskultur mit Bakterien **(adverbiale Bestimmung des Ortes).** Nach seinem Urlaub nahm sich der Mediziner der Glasschale **(Genitivobjekt)** an und war über das Ergebnis **(Präpositionalobjekt)** höchst erstaunt: Der grüne Schimmelpilz hatte die Bakterien **(Akkusativobjekt)** in der Glasschale zerstört. Damit hatte der Forscher zufällig ein Mittel gegen bakterielle Erkrankungen **(Präpositionalobjekt)** gefunden: das Penicillin. Diese Zufallsentdeckung **(Subjekt)** brachte Fleming 1945 sogar den Nobelpreis **(Akkusativobjekt).**
Hinweis: Für jedes richtig bezeichnete Satzglied erhältst du 1 Punkt (= insgesamt 13 Punkte). Für jedes richtig umkreiste Attribut erhältst du 1 Punkt (= insgesamt 5 Punkte). Du kannst also insgesamt 18 Punkte erreichen.

Sätze unterscheiden

Satzreihe und Satzgefüge wiederholen

Seite 58

1
A Viele halten den Teebeutel für eine ausgeklügelte Erfindung, aber er wurde durch Zufall entdeckt.
B Um 1904 verschickte ein Teehändler kleine Teeproben, denn er wollte für eine neue Teesorte werben.
C Für den Versand seiner Teeproben wählte er keine teuren Blechdosen, sondern (er) füllte den Tee in kleine Seidenbeutel ab.
D Seine Kunden nahmen den Tee nicht aus den Beuteln, sondern (sie) nutzten sie wie unsere heutigen Teebeutel.

2 Der Satz besteht aus sechs Hauptsätzen. Im Folgenden sind die einzelnen Hauptsätze unterschiedlich markiert.
Die ersten Teebeutel wurden durch Zufall erfunden, aber sie entsprachen geschmacklich noch nicht unseren heutigen Teebeuteln, denn sie wurden zugeklebt und der Tee schmeckte deshalb nach Klebstoff, aber das Problem wurde bald gelöst, denn man nahm als Verschluss eine Metallklammer.

Seite 59

1 a A Ein Forscher erfand durch Zufall das Klebeband, (als) er ein Wundpflaster entwickeln wollte.
——— Hs ———, ——— Ns ———.

B Das Pflaster war in der Medizin nicht nutzbar, (weil) es viel zu fest auf der Haut klebte.
——— Hs ———, ——— Ns ———.

C Die Haut wurde, (wenn) man das Pflaster abnahm, fast mit heruntergerissen.
——— Hs ———, ——— Ns ———, ——— Fortsetzung Hs ———.

D (Da) das Pflaster aber zum Flicken löchriger Fahrradreifen taugte, wurde es als Klebeband verkauft.
——— Ns ———, ——— Hs ———.

2 A 1853 beschwerte sich ein Gast über zu dicke und matschige Bratkartoffeln, obwohl diese in einem tadellosen Zustand waren. – B Der verärgerte Koch servierte dem Gast nun extra dünne, frittierte Kartoffelscheiben, weil er sich an dem Gast rächen wollte. – C Der Gast war aber von dem Snack begeistert, sodass die neue Kreation als Kartoffelchips verkauft wurde.

3 Porzellan wurde zufällig entdeckt, als ein Chemiker, der Gold herstellen wollte, verschiedene Stoffe mischte.
——— Hs ———, ——— Ns 1 ———, ——— Ns 2 ———, ——— Fortsetzung Ns 1 ———.

Nebensätze unterscheiden – Relativsätze

Seite 60

1 Wickle ein Kabelende um eine Büroklammer, die aus Eisen besteht.

Das andere Kabelende wickelst du um eine Reißzwecke, die aus Kupfer oder Messing bestehen soll.

Büroklammer und Reißzwecke steckst du in eine Zitrone, die du in jedem Supermarkt kaufen kannst.

Verbinde die beiden Kabelenden mit einer Glühlampe, die du z. B. in einer Taschenlampe findest.

2 Die Relativsätze (umgewandelte Attribute) sind unterstrichen.
- Die Zitronensäure, die in der Pflanzenwelt häufig vorkommt, kann elektrischen Strom leiten.
- Die Metalle, die in der Zitronensäure stecken, bilden einen Plus- und einen Minuspol.
- Die Elektroden, die vom Plus- zum Minuspol fließen, bilden einen Stromkreis.

Nebensätze unterscheiden – Adverbialsätze

Seite 61

1 a + b Die Konjunktionen, die die Adverbialsätze einleiten, sind markiert. Die Adverbialsätze sind unterstrichen.

Das Kraft-Ei
Umwickle die Mitte von zwei hart gekochten Eiern mit Klebeband, damit die Schalen beim Durchschneiden nicht kaputtgehen. Nachdem du die Eier in der Mitte durchgeschnitten hast, löffelst du sie leer. Dann legst du die vier halben Eierschalen mit der Öffnung nach unten auf den Tisch, sodass du Bücher darauf stapeln kannst. Du kannst eine ganze Menge Bücher stapeln, bis die Eier zerbrechen. Erklärung: Die gewölbte Form macht die Eierschalen sehr stabil, weil sich das Gewicht auf der gesamten Fläche verteilt.

Seite 62

2 a + b Die Adverbialsätze sind unterstrichen.

Das Gummi-Ei

A Wenn du ein rohes Ei in ein Glas mit Essig legst, bilden sich auf der Eierschale bald kleine Bläschen.
Frage: Unter welcher Bedingung (bilden sich auf der Eierschale kleine Bläschen)?
Art des Adverbialsatzes: Konditionalsatz (Bedingungssatz)

B Nachdem das Ei mehrere Stunden im Essig gelegen hat, kannst du es zusammendrücken und verformen.
Frage: Wann (kann man das Ei zusammendrücken und verformen)?
Art des Adverbialsatzes: Temporalsatz (Adverbialsatz der Zeit)

C Wenn du das Ei gegen das Licht hältst, kannst du sogar in der Mitte den Eidotter erkennen.
Frage: Unter welcher Bedingung (kannst du sogar in der Mitte den Eidotter erkennen)?
Art des Adverbialsatzes: Konditionalsatz (Bedingungssatz)

3 Die Adverbialsätze (umgewandelte adverbiale Bestimmungen) sind unterstrichen.
Die Konjunktion, die den Adverbialsatz einleitet, ist markiert.

D Weil die Eierschale einen hohen Kalkgehalt hat, kann die Essigsäure sie auflösen.
E Während die Essigsäure den Kalk zersetzt, entstehen Bläschen aus Kohlendioxid.
G Nachdem sich die Eierschale vollständig aufgelöst hat, kann man das Ei zusammendrücken.

Seite 63

4 a + b Die Konjunktionen sind markiert, die Adverbialsätze unterstrichen.

Der Eier-Kreisel

A Wenn du ein rohes Ei von einem gekochten Ei unterscheiden willst, hilft dir das folgende Experiment.
→ Konditionalsatz

B Drehe das Ei auf einer glatten Fläche, sodass es sich wie ein Kreisel um sich selbst dreht.
→ Konsekutivsatz

C Tippe mit dem Zeigefinger kurz von oben auf das Ei, sodass das Ei zum Stehen kommt.
→ Konsekutivsatz
Oder: Wenn du mit dem Zeigefinger kurz oben auf das Ei tippst, kommt es zum Stehen.
→ Konditionalsatz

D Nachdem du das Ei losgelassen hast, beobachtest du das Ergebnis.
→ Temporalsatz

E Das Ei setzt seine Drehbewegung nach dem Anhalten fort. Es ist roh.
Wenn das Ei seine Drehbewegung nach dem Anhalten fortsetzt, ist es roh.

5 Der umgeformte Adverbialsatz ist unterstrichen:
Obwohl das Ei gestoppt wird, dreht sich die Flüssigkeit im rohen Ei weiter, sodass sich das Ei, nachdem es losgelassen wurde, wieder in Bewegung setzt.
Erklärung: Die adverbiale Bestimmung der Zeit *(nach dem Loslassen)* wurde in einen Adverbialsatz der Zeit (Temporalsatz) umgeformt.
Der Satzbauplan:

_______ Ns 1 _______, _______ Hs _______, _______ Ns 2 _______, _______ Ns 3 _______, _______ Ns 2 Fortsetzung _______.

Temporalsätze – Adverbialsätze der Zeit

Seite 64

1 Die Konjunktionen sind markiert, die Temporalsätze wurden wie folgt gekennzeichnet: Vorzeitigkeit, Gleichzeitigkeit, Nachzeitigkeit.

Bohnen mit Sprengkraft
Bevor du das Experiment durchführst (Nachzeitigkeit), solltest du die Materialien zusammensuchen: eine Tüte Gips, Wasser, einen durchsichtigen Plastikbecher, eine Rührschüssel, zehn getrocknete Mungbohnen. Nachdem du den Gips mit Wasser angerührt hast (Vorzeitigkeit), schüttest du die Bohnen in den flüssigen Gips. Sobald die Bohnen gut untergerührt sind (Vorzeitigkeit), gießt du den Gips mit den Bohnen in einen Plastikbecher. Jetzt musst du dich ein paar Tage gedulden, während der Gips im Plastikbecher trocknet (Gleichzeitigkeit). Lange musst du allerdings nicht warten, bis die Bohnen ihre Sprengkraft entfalten (Nachzeitigkeit)!

2 Die eingesetzten Konjunktionen sind markiert.

Warum hat es gekracht?
Bohnensamen können nicht keimen, solange sie nicht mit Wasser in Berührung kommen. Sobald die Bohnen aber in die feuchte Gipsmasse gerührt werden, entziehen sie dem Gips Wasser. Während sie mehr und mehr Wasser aufnehmen, werden sie immer größer und praller, bis sie schließlich aufbrechen. Weil die Bohnen quellen und keimen, entsteht ein sehr großer Druck, sodass der Gips und der Plastikbecher gesprengt werden.

Nebensätze unterscheiden – Subjekt- und Objektsätze

Seite 65

1 a + b

A Wie du aus einem Pappkarton ein Labyrinth baust, siehst du auf der Abbildung.
Frage: Wen oder was siehst du auf der Abbildung? (Objektsatz)

B Zuerst ist wichtig, dass du aus einer Bohne einen Sprössling züchtest.
Frage: Wer oder was ist wichtig? (Subjektsatz)

C In der Abbildung siehst du, wo du den Bohnensprössling positionieren solltest.
Frage: Wen oder was zeigt die Abbildung? (Objektsatz)

D In den nächsten Tagen ist entscheidend, dass du die Pflanze regelmäßig gießt.
Frage: Wer oder was ist entscheidend? (Subjektsatz)

E Wie die Pflanze ihren Weg ans Licht gefunden hat, siehst du nach ca. zwei Wochen.
Frage: Wen oder was siehst du nach zwei Wochen? (Objektsatz)

2 Dass die Pflanzen zur Lichtquelle wachsen, nennt man Fototropismus.

Teste dich! – Adverbialsätze

Seite 66

1 a Die Adverbialsätze sind unterstrichen.
A Wenn du dir einen Flaschendschungel bauen möchtest, benötigst du ein großes Gurkenglas, zerkleinerte Holzkohle, Kieselsteine, Waldboden und Pflanzen aus dem Wald. – B Nachdem du das Glas gereinigt hast, bedeckst du den Boden mit einer Schicht Holzkohle. – C Diese ist wichtig, damit sich im Glas kein Schimmel bildet. – D Dann füllst du die Kieselsteine ein, weil dadurch überflüssiges Wasser abfließen kann.
Hinweis: Für jeden richtig markierten Adverbialsatz erhältst du 1 Punkt. Du kannst also insgesamt 4 Punkte erreichen.

b Kausalsatz (Grund) D – Konditionalsatz (Bedingung) A – Finalsatz (Absicht, Zweck) C – Temporalsatz (Zeit) B
Hinweis: Für jeden richtig bestimmten Adverbialsatz erhältst du 1 Punkt. Du kannst also insgesamt 4 Punkte erreichen.

2 Die Adverbialsätze (umgewandelten adverbialen Bestimmungen) sind unterstrichen.
Nachdem du den Waldboden eingefüllt hast, setzt du kleine Pflanzen und Moose in die Flasche.
Bevor du das Glas verschließt, musst du noch die Pflanzen vorsichtig wässern.
Hinweis: Für jeden richtig gebildeten Adverbialsatz erhältst du 1 Punkt. Du kannst also insgesamt 2 Punkte erreichen.

3 Man kann die beiden Sätze mit unterschiedlichen Konjunktionen verbinden. Mögliche Lösungen:
- Der Pflanzendschungel versorgt sich an einem hellen Ort selbst, sodass er ein eigenes Ökosystem bildet.
- Wenn/Falls/Sofern sich der Pflanzendschungel an einem hellen Ort selbst versorgt, bildet er ein eigenes Ökosystem.
- Sobald sich der Pflanzendschungel an einem hellen Ort selbst versorgt, bildet er ein eigenes Ökosystem.

Hinweis: Für die richtige Verknüpfung der Sätze bekommst du 2 Punkte.

Was kannst du schon? – Rechtschreibung

Seite 67

1 **a** A Betru**g,** schlan**k,** trü**b,** Stran**d**
B gl**ä**nzen, t**eu**er, k**äu**flich, Sch**e**re
C Straße, Glä**s**er, Me**ss**er, Wie**s**e
D R**ie**gel, Spr**i**nter, s**ie**ben, R**i**nde
E Ku**mm**er, Ma**l**er, bi**tt**en, ho**ff**en
Hinweis: Für jedes richtige Wort bekommst du 1 Punkt. Du kannst also insgesamt 20 Punkte erreichen.

b A V (Verlängern) – B A (Ableiten) – C S (auf die erste Silbe achten) – D S (auf die erste Silbe achten) – E S (auf die erste Silbe achten)
Hinweis: Für jede richtig zugeordnete Strategie bekommst du 1 Punkt. Du kannst also insgesamt 5 Punkte erreichen.

2 Paul, 6 Jahre alt, will den Kegelpokal gewinnen und Frau Müller, fast 90, weiß genau, wie das geht. Beim Kegeln sind sie ein unschlagbares Team. Im „Haus für jedes Alter" verbringen Kinder und Alte ihren Tag unter demselben Dach. Das Haus vereint Kindertagesstätte und Seniorenheim. Mut zum Experimentieren und Lust am Improvisieren sind hier das Wichtigste.
Hinweis: Für jedes unterstrichene großzuschreibende Wort bekommst du 1 Punkt.
Du kannst also insgesamt 17 Punkte erreichen.

3 **a + b** Das Sportfest**,** **das** Samstag stattgefunden hat**,** war ein solcher Erfolg**,** **dass** klar ist**,** **dass** es noch in diesem Schuljahr wiederholt wird. „Schülerinnen und Schüler**,** Lehrkräfte und Eltern haben gezeigt**,** **dass** sie ein Team sind**,** **das** prima kooperiert"**,** schwärmt die Schulleiterin. „Weil es so viele gute Ideen gab**,** ist ein richtig buntes Programm entstanden!"
Hinweis: Für jedes richtig gesetzte Komma bekommst du 1 Punkt.
Du kannst also 9 Punkte für die Kommasetzung erhalten.
Für jedes richtig verwendete *das* bzw. *dass* bekommst du ebenfalls 1 Punkt. Du kannst hier also 5 Punkte erreichen.

Strategien zum Rechtschreiben

Schwingen – Auf die erste Silbe achten

Seite 68

1 A Lo tus blu me – B Schul ter stand – C Pla ne ten gruß – D Vor beu ge sitz – E Hel den hal tung

2

A	K	Z	S	C	H	N	E	I	D	E	R	S	I	T	Z	B	L	W
F	N	G	H	Y	R	P	S	N	T	M	E	U	R	S	H	G	A	A
L	I	E	G	E	S	T	U	E	T	Z	Z	F	G	P	R	E	I	D
B	E	Q	B	C	S	E	D	C	N	O	M	V	X	T	E	L	L	E
O	B	A	U	C	H	M	U	S	K	U	L	A	T	U	R	E	T	N
E	E	X	Q	J	D	A	W	U	W	U	K	U	I	R	C	N	J	B
R	U	M	P	T	D	R	A	H	E	N	E	F	Q	N	K	K	Y	E
I	G	P	O	U	W	G	N	V	E	V	M	W	H	E	J	I	K	I
D	E	T	W	O	H	L	B	E	F	I	N	D	E	N	L	G	U	N

3 Kin der be treu ung – Kör per be herr schung – Win ter sport be klei dung

Seite 69

4 a + b

	Die erste Silbe endet mit einem ...				
	Vokal	Umlaut	Diphthong	Konsonanten	Die erste Silbe ist ...
Flag ge	☐	☐	☐	☒	geschlossen
drau ßen	☐	☐	☒	☐	offen
bis sig	☐	☐	☐	☒	geschlossen
bü ßen	☐	☒	☐	☐	offen

5 A Siegertreppe – B Jugendtrainer – C Kräftemessen – D Kinderfüße

6 Individuelle Lösungen

Verlängern und zerlegen

Seite 70

1 a + b Viele denken an nichts **lieber** (→ lieb) als an die nächsten **Urlaube** (→ Urlaub) in Übersee. Es gibt jedoch ziemlich **gute** (→ gut) **Gründe** (→ Grund) dafür, in den Ferien zu Hause zu bleiben. Man muss z. B. keine **Berge** (→ Berg) besteigen. Danach habe ich immer **wunde** (→ wund) Füße. Und für die Umwelt sind **Ausflüge** (→ Ausflug) mit den **Rädern** (→ Rad) ohnehin viel besser.

2 Lobgesang, Hupkonzert, Breitbandkabel, Blinklichtanlage

3 Fertigteigmischung, Lieblingshemd

Ableiten – Wörter mit *ä* und *äu*

Seite 71

1 Falsch geschriebene Wörter sind unterstrichen, richtig geschriebene Wörter sind markiert.

	Verwandtes Wort mit *a* oder *au*?
A Egal, ob Hürdenleufer, Eistänzerin oder Boxer:	laufen
B Alle, die täglich ihre Zeit und ihre Krefte für den	Kraft
C Sport einsetzen, treumen davon, einmal an olym-	Traum
D pischen Wettkämpfen teilzunehmen. Tatsechlich	Tatsache
E gibt es däutlich mehr Leute, die mit zu den	–
F Spielen reisen, als man denkt: Fräundliche	–
G Helfer und verlessliche Helferinnen für viele	sich auf jemanden verlassen
H Tetigkeiten sind ebenfalls dabei und freuen sich,	Tat
I dank Olympia fremde Stedte zu entdecken.	Stadt

2 Mädchen schlängeln Bänder. Leute zählen Geld. Mäuse fressen Käse.

Teste dich! – Strategien zum Rechtschreiben

Seite 72

1 Alle **einzusetzenden Buchstaben und Wörter** sind fett gedruckt.

erste Silbe	
offen	geschlossen
erste Silbe endet mit einem Vokal **(a, e, i, o, u), Umlaut** (ä, ö, ü), Diphthong **(au, äu, ei, eu)**	erste Silbe endet mit einem **Konsonanten**
Ein Konsonant wird nie **verdoppelt,** wenn die erste Silbe **offen** ist, z. B. *leben, müde, träumen.*	Doppelkonsonanten schreibst du nur, wenn die erste Silbe **geschlossen** ist und du nur **einen** Konsonanten hörst, z. B. *die Klammer,* ***rennen.***
s oder *ß*	*ss*
– *s* bei summendem s, z. B. ***Rose*** – *ß* bei **zischendem** s, z. B. ***Füße***	nur, wenn die erste Silbe geschlossen ist, z. B. *Kasse,* ***verschlissen***
ie	*i*
nur, wenn die erste Silbe offen ist, z. B. ***Giebel, schieben***	fast nur, wenn die erste Silbe geschlossen ist, z. B. ***finden, Tinte***

Um die Silbenstrategie anwenden zu können, musst du
- **einsilbige** Wörter **verlängern,** z. B. der Pass → Pässe; das Spiel → Spiele,
- zusammengesetzte Wörter **zerlegen,** z. B. **Grashalm → Gräser.**

Hinweis: Für jedes richtig eingesetzte Wort bzw. für jede richtig eingesetzte Buchstabenfolge erhältst du 1 Punkt. Du kannst also insgesamt 23 Punkte erreichen.

Regeln zum Rechtschreiben

Doppelkonsonanten

Seite 73

1 **zwei verschiedene Konsonanten an der Silbengrenze:** Schwarze, farbige, Ringe, goldene, Zentrum, Punkte
Doppelkonsonanten an der Silbengrenze: getroffen, Mitte, innen, Schüsse, ankommen, besser

2 Lisa: „Jeder Schu**ss** ein Tre**ff**er! Und am E**nd**e gewi**nn**en wir."
Mia: „Deren Ne**tz** soll za**pp**eln und wa**ck**eln!"
Ajda: „Die E**ck**bä**ll**e schießt Mia, E**lf**er schieße ich!"

3 ***z* nach offener Silbe:** duzen, Schnauze, Weizen, Brezel
***z* bei geschlossener Silbe mit einem anderen Konsonanten:** winzig, purzeln
***zz* bei Fremdwörtern:** Pizza, Skizze

s-Laute

Seite 74

1 **a + b + c**

Marathonläufe finden immer draußen und meist in Großstädten (Verlängerung: große) statt. Hier messen sich Amateure mit Profis. Tausende stellen sich dieser riesigen Herausforderung. Übrigens geht das Streckenmaß (Verlängerung: Maße) von 42,195 km angeblich auf die Antike zurück.
Freiwasserrennen werden in Seen, Flüssen und Meeren ausgetragen. Beim Neujahrsschwimmen in eiskalten (Verlängerung: eisige) Fluten passen Rettungsschwimmer besonders auf.
Bei Radrennen auf der Straße müssen die Fahrer über größere Distanzen taktisch geschickt fahren. An steilen Anstiegen lassen die Bergspezialisten alle hinter sich. Das Bergtrikot ist weiß (Verlängerung: weiße) mit roten Punkten.

Seite 75

2 **a** A Der Spieler schie**ß**t (schießen). Der Schu**ss** (Schüsse) geht ins Tor!
B Wer gestern wenig a**ß** (aßen), kann heute mehr e**ss**en.
C Den Ri**ss** (Risse) im Netz bitte nicht noch weiter aufrei**ß**en!
D Als sportliches Ma**ß** (Maße) werden Kraft und Ausdauer geme**ss**en.
b Der *s*-Laut wechselt von ***ss*** zu ***ß*** bzw. von ***ß*** zu ***ss***.

3 Früher habe ich **morgens fast nichts** getan. **Etwas** Frühstück, schnell ins Badezimmer, **das** war **alles.** Heute halte ich es **anders. Bis es** Zeit für die Schule wird, machen mich ein paar Liegestütze und Sit-ups topfit.

4 In den Schlu**ss**minuten de**s** Spiels lie**ß** die Mannschaft nicht**s** mehr zu. Ander**s** al**s** erwartet schlo**ss**en wir die Saison dadurch mit einem Sieg ab.

das oder *dass?*

Seite 76

1 Man könnte vielleicht sagen, **dass** sich Entenangeln zum Sportangeln verhält wie Minigolf zu Golf: Das sportliche Können, **das** beim Angeln und beim Golfen nötig ist, mag höher sein. Aber das Geschick, **das** man beim Entenangeln und beim Minigolf braucht, und das Vergnügen, **das** man daran hat, sollten nicht unterschätzt werden! Leidenschaftliche Entenangler kämpfen deshalb darum, **dass** ihr Hobby endlich als Sport anerkannt wird. Ein Vorteil des Entenangelns ist, **dass** man diesen Sport sogar in der eigenen Badewanne durchführen kann. Das Entenköpfchen, **das** den Kontaktpunkt für die Angel bildet, braucht dafür nur etwas Metall, **das** den Magneten am Ende der Angelschnur anzieht.

2 Ein Blick auf einen Badesee genügt, um zu erkennen, das (richtig: dass) der Mensch nicht gern alleine ins Wasser geht. Für die Jüngeren gibt es das Schwimmtier, das als Krokodil oder Delfin dafür sorgt, das (richtig: dass) das Planschen zum tierischen Vergnügen wird. Den Bequemen ermöglicht die Luftmatratze, das (richtig: dass) man sich nicht selbst über Wasser halten muss. Sportliche stellen sich aufs Surfbrett, dass (richtig: das) bei gutem Wind schneidig übers Wasser gleitet. Ein Gefährt, das Sport und Ruhe perfekt verbindet, ist das Stand-up-Paddelbrett, dass (richtig: das) auch einfach SUP genannt wird.

3 Ein Gewä**ss**er, da**s** zum Baden genutzt wird, wird regelmä**ß**ig kontrolliert. Wenn die Me**ss**werte ergeben, da**ss** die Wa**ss**erqualität bedenklich ist, solltet ihr dort be**ss**er nicht baden.

Wörter mit *i, ie* und *ih*

Seite 77

1 a h**i**nken, s**ie**gen, L**ie**be, z**i**ttern, w**i**ndig, t**ie**fer, schw**ie**rig
b Mögliche Lösung:
hinken: Schinken, stinken, blinken, trinken
siegen: fliegen, biegen, liegen, kriegen

2 „Mit w**ie** v**ie**l Stück V**ieh** z**ieh**st du denn h**ie**r durchs Land?“ „250 R**i**nder werden es schon sein. Und du?“ „D**ie** große Herde, d**ie** du da h**i**nten s**ieh**st, gehört meiner Chefin. Und wenn **ih**r letzte Woche nicht einige T**ie**re gestohlen worden wären, könnten es noch mehr sein!“ „Und habt **ih**r den D**ie**b geschnappt?“ „Leider nein. Johnny ist zwar nachts wach geworden und hatte so ein ungutes Gefühl. Er denkt, h**ie**r gesch**ieh**t doch was, hoffentlich st**ieh**lt n**ie**mand unser **Vieh.** Er weckt Bob, s**ie** z**ieh**en **ih**re Colts und schauen nach. Aber da sehen s**ie** nur noch, w**ie** der Mistkerl auf einem w**ieh**ernden Gaul fl**ieh**t.“

3 a Wieder mit *ie* bedeutet **erneut, noch einmal.** Wider mit einfachem *i* bedeutet **entgegen, gegen.**
b W**ie**derkehr – erw**i**dern – w**ie**derbeleben – W**ie**derholung – W**i**derstand – w**i**derwillig – w**ie**derum – W**ie**dergutmachung – w**i**derspiegeln – W**ie**dersehen

Der *i*-Laut in Fremdwörtern

Seite 78

1 definitiv, blamieren, defensiv, offensiv, attraktiv, interessieren, Maschine, kassieren, intensiv, trainieren, Vitamine, Apfelsine, Mandarine

2

N	O	M	I	N	A	L	I	S	I	E	R	E	N	R	N	W	I	A	E	K	M
A	Y	E	Q	K	O	N	J	U	G	I	E	R	E	N	G	I	H	P	R	O	I
G	P	G	F	E	Z	D	U	P	C	U	Z	W	V	N	X	R	E	O	Y	N	E
E	R	C	P	D	G	W	D	E	K	L	I	N	I	E	R	E	N	E	L	J	G
N	W	B	F	O	D	H	U	R	M	U	U	Q	I	J	W	G	S	S	W	U	E
I	R	O	N	I	E	E	I	D	V	C	B	E	O	R	A	I	X	I	S	N	Z
T	U	E	S	C	H	A	R	A	K	T	E	R	I	S	I	E	R	E	N	K	F
I	N	T	E	R	P	R	E	T	I	E	R	E	N	R	T	K	H	I	U	T	U
V	O	E	L	W	K	T	J	I	W	W	J	L	I	N	F	I	N	I	T	I	V
M	A	D	J	E	K	T	I	V	X	I	T	Y	P	A	Q	S	R	T	E	V	S

3 nominalisieren → Nominalisierung – konjugieren → Konjugation – deklinieren → Deklination – interpretieren → Interpretation – charakterisieren → Charakterisierung

Wörter mit *h*

Seite 79

1 **a + b**

Wörter mit silbenöffnendem *h*	**Merkwort mit *h***
ge hen – Gehweg	wäh rend – währen
se hen – Sehstärke	zäh len – Zahl
zie hen – anziehen	boh ren – Bohrmaschine
Ru he – ruhig	Oh ren – Ohrfeige
hö her – Höhenangst	fah ren – Fahrkarte
	feh len – Fehlzeiten

2 Mögliche Wortverwandte sind beispielsweise:
Zahn: die Zahnkrone, der Backenzahn, die Zahnärztin, das Zahnrad, zahnen, der Schneidezahn
wohnen: die Wohnung, die Wohngemeinschaft, wohnlich, der Wohnraum, das Wohnmobil
früher: früh, die Frühe, das Frühstück, frühmorgens, der Frühling, das Frühchen, der Frühsport
wählen: die Wahlen, die Wahlkabine, wählbar, abwählen, wählerisch, wahlweise, die Wahlurne

3 Rhythmus, rhetorisch, Bibliothek

Teste dich! – Regeln zum Rechtschreiben

Seite 80

1 a 1 Ale aus unserer Klasse hassen die alte Turnhalle. → Alle
2 In ihr richt es immer nach Schweiß. → riecht
3 Die Halle müsste auch grösser und höher sein. → größer
4 Außerdem sind viele Maten verschlissen und speckig. → Matten
5 Die Trennwände funktioniren auch nicht richtig. → funktionieren
6 Draußen macht Sport deshalb mehr Spass. → Spaß
7 Bald sol glücklicherweise eine neue Halle gebaut werden. → soll
Hinweis: Für jedes richtig unterstrichene und korrigierte Wort bekommst du 1 Punkt.
Du kannst also insgesamt 7 Punkte erreichen.
b 1A – 2C – 3B – 4A – 5D – 6B – 7A
Hinweis: Für jede richtige Zuordnung bekommst du 1 Punkt. Du kannst also insgesamt 7 Punkte erreichen.

2 Befragungen zeigen, ~~das~~/**dass** Freibäder ein Vergnügen sind, **das**/~~dass~~ Alt und Jung gleichermaßen lieben. Deutlich wird, ~~das~~/**dass** verschiedene Becken, Rutschen und Extras erwartet werden. Wenn dazukommt, ~~das~~/**dass** sich das Bad in schöner Natur befindet, sind die Gäste besonders zufrieden. Bademeister geben den meisten das Gefühl, ~~das~~/**dass** sie auch bei Hochbetrieb sicher sind. Für viele Befragte ist fast ebenso wichtig, ~~das~~/**dass** es für den Hunger ein Angebot gibt, **das**/~~dass~~ sich nicht auf Fast Food beschränkt. Allgemein gewünscht wird, ~~das~~/**dass** die Freibäder länger öffnen. Denn klar ist ja, ~~das~~/**dass** nur ein Freibad, **das**/~~dass~~ geöffnet hat, auch Geld einnimmt.
Hinweis: Für jede richtige Schreibweise bekommst du 1 Punkt. Du kannst also insgesamt 10 Punkte erreichen.

Groß- und Kleinschreibung

Wiederholung – Nomen / Substantive erkennen

Seite 81

1 a Manchmal nehmen außer den Fußballern auch Tiere an einem Spiel teil. Schon häufiger haben sich Katzen während eines Spiels auf das Feld verirrt. Solche Vorfälle sind für die Fußballer eher störend, weil sie ihr Spiel unterbrechen müssen. Beim Publikum dagegen sorgen die süßen Vierbeiner meist für große Erheiterung.
b Mögliche Lösung:
Tiere → die flinken Tiere – Katzen → die süßen Katzen

2 Nomen mit Begleitern (siehe Aufgabe 3) sind unterstrichen:
Nicht nur **K**atzen, sondern auch andere und größere **T**iere verirren sich bisweilen auf ein **F**ußballfeld. Während eines **Z**weitligaspiels in **B**rasilien stürmte ein junger **H**und auf den **P**latz und verfolgte einen ängstlichen **S**pieler. Dass dieser **H**und ganz ungefährlich war, stellte sich erst später heraus. In der **S**chweiz versuchten **S**icherheitsleute und **S**pieler, einen **M**arder einzufangen. Als ein **S**pieler das scheinbar so harmlose **T**ierchen schließlich einfing, biss es ihm kräftig in seinen **F**inger. Auch größere **T**iere brachten Fußballer schon aus dem **K**onzept: Während eines **F**reundschaftsspiels in **B**ulgarien spazierte plötzlich eine **K**uh über das **S**pielfeld, in **A**ustralien stürmte ein **K**änguru ein **S**piel der **R**egionalliga und in **I**ndien verirrte sich sogar ein kleines **T**igerbaby auf den **P**latz.

3 17 Artikel, 6 Adjektive, 2 Pronomen, 10 Präpositionen

Nominalisierungen / Substantivierungen

Seite 82

1 Würden Tiere an den Olympischen Sommerspielen ~~T~~/**t**eilnehmen, sähen Menschen im **A**/~~a~~llgemeinen alt aus.
Der schnellste Mensch der Welt könnte beim **S**/~~s~~printen gerade noch ein Kamel ~~Ü~~/**ü**berholen. Gegen einen Geparden hätte er aber keine Chance, selbst wenn er beim **R**/~~r~~ennen bis zum **Ä**/~~ä~~ußersten ginge. Und bei den Ausdauerdisziplinen? Das **B**/~~b~~este sind einfach vier Beine! Kein Mensch hat so viel Kondition wie ein Schlittenhund. Daran kann selbst ~~I~~/**i**ntensives **T**/~~t~~rainieren nichts ändern.

2 Auch **Springen** wäre eine Disziplin, bei der der Mensch keine Chance hätte. Beim Weitsprung wäre er den Kängurus **unterlegen.** Sie **springen** fast vier Meter weiter als der amtierende Weltmeister. Und für Delfin, Puma und Springbock sind die Höhen beim Hochsprung zum **Lachen.** Für sie sind drei Meter nichts **Außergewöhnliches.** Beim **Heben** und **Stemmen** von Gewichten haben Elefant und Grizzly die Nase vorn. Etwas **Besonderes** ist es vielleicht mit dem Mehrkampf. Denn der Mensch ist sehr **vielseitig.** Beim Siebenkampf oder beim Zehnkampf würde uns tatsächlich die **erste** Goldmedaille winken.

Adjektive kleinschreiben

Seite 83

1 A Am tiefsten taucht der Wal. – B Am schnellsten rennt der Gepard. – C Am weitesten springt das Känguru.
D Am höchsten springt der Delfin.

2 A Tiere sind nicht immer die zuverlässigsten aller **Sportexperten,** aber wohl die unterhaltsamsten.
B Der bekannteste tierische **Hellseher** ist auch der beste.
C Der **Krake Paul** lieferte bei der **Weltmeisterschaft** in **Südafrika** nicht nur zahlreiche **Vorhersagen,** sondern auch die treffsichersten.

3 **hellseherischen:** Das Adjektiv bezieht sich auf das Nomen „Fähigkeiten".
am erstaunlichsten: Der Superlativ mit „am" wird kleingeschrieben.
betrügerischen: Das Adjektiv bezieht sich zurück auf das Nomen „Krake".

Groß- und Kleinschreibung bei Zeitangaben

Seite 84

1 A Hundesportschule lädt diesen **Samstag** zum Tag der offenen Tür ein!
B Nicht vergessen: Flyball-Wettbewerb **morgen** am **Nachmittag.**
C Hundesportkurse jeden **Dienstag** und **Donnerstag, nachmittags** und **abends!**

2 Letzten **Samstag** fand in der Hundesportschule „Activity" der Tag der offenen Tür statt. Vom **Vormittag** bis zum späten **Abend** konnten Hundebesitzer sich darüber informieren, wie sie gemeinsam mit ihren Vierbeinern Sport treiben können. Die Schule präsentierte stolz, dass sie **täglich** Kurse im Angebot hat. So kann man jeden **Montag, Mittwoch** und **Freitag** Agility-Kurse besuchen. Kurse im Freestyle-Diskdogging gibt es **dienstags** und **donnerstags.** Die Kurse finden jeweils am **Nachmittag** oder **abends** statt.

Seite 85

3 Die Hundesportschule „Activity" veranstaltete am **Sonntagnachmittag** einen Agility-Wettbewerb. Bei dieser Sportart müssen Mensch und Hund möglichst fehlerfrei einen Hindernis-Parcours bewältigen. Überraschend gewann die 14-jährige Paula mit ihrer Hündin Amy. Im anschließenden Interview erklärte sie: „Ich hatte **heute Morgen** eigentlich gar kein gutes Gefühl, weil Amy so nervös wirkte. Als wir dann **heute Mittag** in der Hundeschule ankamen, hat sie sich aber zum Glück beruhigt. Ich bin sehr stolz auf Amy, denn sie hat zweimal wöchentlich, immer **montagnachmittags** und **donnerstagnachmittags,** mit mir trainiert. Ich denke aber, dass wir **morgen Nachmittag** mit der ganzen Familie den Turniersieg feiern und das Training einmal ausfällt.

4 So oder so ähnlich sollte deine Lösung lauten:
Am letzten Samstag fand in unserem Fußballstadion das lang ersehnte Leichtathletik-Sportfest statt. Weit- und Hochsprung sowie Kugelstoßen standen **für den Vormittag** auf unserem Programm. **Mittags** konnten sich die Besucher und Besucherinnen in der Pause an der Imbissbude stärken. Der 100- und der 800-Meter-Lauf folgten dann **nachmittags.** **Am Sonntagmorgen** wachten alle Sportler und Sportlerinnen mit einem Muskelkater auf.

Teste dich! – Groß- und Kleinschreibung

Seite 86

1 A5 – B4 – C1 – D2 – E3; Nominalisierungen: 2, 5
Hinweis: Für jede richtige Zuordnung und die korrekte Umkreisung der Nominalisierungen bekommst du je 1 Punkt.
Du kannst also insgesamt 7 Punkte erreichen.

2 Die falsch geschriebenen Wörter sind unterstrichen und verbessert:
Wer sich für Tiere interessiert, sollte darüber nachdenken, ob Pferdesport für ihn das Richtige ist. Reitschulen bieten ein breites Angebot, sodass fast für jeden etwas Passendes dabei ist. Das Schöne ist, dass man Pferdesport allein oder im Team ausführen kann: Während man zum Beispiel Dressurreiten und Voltigieren alleine betreibt, spielen beim Horseball oder Polo zwei Mannschaften gegeneinander. In Schnupperkursen kannst du ausprobieren, welche Reitsportart für dich die attraktivste ist.
Hinweis: Für jede richtige Unterstreichung der falschen Buchstaben bekommst du 1 Punkt.
Du kannst also insgesamt 11 Punkte erreichen.

3 In unserer Reitschule fand **heute** ein großer Wettbewerb statt. Am **Morgen** traten die Dressurreiter gegeneinander an. Der **Vormittag** war für Wettbewerbe im Voltigieren reserviert. Zur Freude der Besucher gab es **mittags** ein reichhaltiges Büfett, sodass am **Nachmittag** alle gestärkt das Polo-Turnier verfolgen konnten. Wenn ihr auch Lust auf Pferdesport bekommen habt, könnt ihr immer **mittwochnachmittags** in unseren Schnupperkursen vorbeischauen.
Hinweis: Für jede richtige Schreibung der Zeitangaben bekommst du 1 Punkt.
Du kannst also insgesamt 6 Punkte erreichen.

Zusammen- und Getrenntschreibung

Getrenntschreibung – Nomen / Substantiv + Verb

Seite 87

1 Fußball spielen, Rad fahren, Spaß haben, Ski fahren, Handball spielen, Schlittschuh laufen, Skateboard fahren, Schach spielen

2 Ich möchte morgen **Fußball spielen.** Das **Fußballspielen** macht mir großen Spaß.

3 Es gibt viele Sportarten, die großen **Spaß machen:** Wer gern in der Mannschaft spielt, powert sich z. B. beim **Handballspielen** oder **Fußballspielen** aus. Wer im Sommer gern alleine draußen ist, geht vielleicht **Rad fahren** oder **Skateboard fahren.** Im Winter möchten viele **Schlittschuh laufen** oder **Ski fahren.**
Wer hingegen gern gemütlich im Warmen sitzt, bevorzugt das **Schachspielen.**

4 Mögliche Lösungen:
Bei gutem Wetter möchte ich oft Inliner fahren. Das Inlinerfahren macht Spaß.
Ich gehe mit meinem Freund Tischtennis spielen. Beim Tischtennisspielen muss man sich konzentrieren.
Nachmittags gehe ich eine halbe Stunde Trampolin springen. Das Trampolinspringen hält mich fit.

Getrenntschreibung – Verb + Verb, Wortgruppen mit *sein*

Seite 88

1 Wollt ihr eine neue Sportart ausprobieren? Dann solltet ihr mal Radball **spielen gehen.** An das spezielle Rad werdet ihr euch **gewöhnen müssen,** aber dann macht es richtig Spaß. Wenn du auf dem Hinterrad **stehen bleibst,** kannst du mit dem Vorderrad abziehen. Ihr kickt zu zweit in einem Team, spielt Doppelpässe und könnt den Ball auch mal geschickt **liegen lassen,** damit euer Mitspieler ihn ins gegnerische Tor drischt.

2 Um Einradhockey zu spielen, muss man auf dem Einrad schon ziemlich **sicher sein.** Außerdem muss man **bereit sein,** ein gewisses Verletzungsrisiko in Kauf zu nehmen, denn ungefährlich ist diese Sportart nicht. Sie macht aber auch jede Menge Spaß. Mag die Koordination von Rad und Schläger am Anfang noch **schwierig sein:** Übung macht den Meister! Und übrigens: Wer Einradhockey spielt, wird auch auf wackelnden Hängebrücken, auf windigen Berggipfeln oder Wolkenkratzern immer **schwindelfrei sein.**

3 vorhanden sein – stehen lassen – krank sein – da sein – liegen bleiben – essen gehen – stark sein

Meist getrennt – Adjektiv + Verb

Seite 89

1 A Beim Skateboardfahren kann man sehr **leicht fallen.**
B Wenn du ein bisschen geübt hast, wird das Skateboardfahren dir **leichtfallen.**

2 Wenn du **sichergehen** willst, eine originelle und seltene Sportart auszuüben, dann solltest du dich für Kopfballtischtennis entscheiden. Zunächst musst du dir die Regeln **klarmachen:** Man spielt an einer Tischtennisplatte mit einem Gummiball, der nur mit dem Kopf berührt werden darf. Man muss schon sehr **fleißig üben,** bis man so **geschickt köpfen** kann, dass man den Ball **sicher kontrolliert.** Am Anfang wird dir das vielleicht noch **schwerfallen,** aber mit ein bisschen Übung wirst du es **gut können.**

3 Mögliche Lösungen:
Ich will mir das Ergebnis nicht **schönreden.** Sie kann **schön reden.**

Meist zusammen – Präposition + Verb, Adverb + Verb

Seite 90

1 Wer **herausfinden** möchte, wie Harry Potter sich beim Quidditch gefühlt hat, kann es selbst **ausprobieren** – natürlich mit etwas abgewandelten Regeln: Man braucht zwei Mannschaften, die **gegeneinander spielen** und sich jeweils aus drei Jägern, zwei Treibern, einem Hüter und einem Sucher **zusammensetzen.** Die Spieler können natürlich nicht auf Besen **herumfliegen,** sondern bleiben mit Gymnastikstäben am Boden. Ringe ersetzen die üblichen Tore. Die Jäger müssen den Quaffel **hindurchwerfen,** wenn sie punkten wollen. Das klappt nur, wenn der Hüter ihnen nicht **dazwischenkommt.** Die Treiber sollten inzwischen **zusammen versuchen,** die Gegner abzuwerfen.

2 Mögliche Lösung:
Wir müssen, auch wenn wir unterschiedlicher Meinung sind, **zusammenhalten.**
Zusammen halten Susanne und Mateo den Pokal in den Händen.

Teste dich! – Zusammen- und Getrenntschreibung

Seite 91

1 **getrennt:** A, B, D, E, I – **zusammen:** C, F, G, H
Hinweis: Für jede richtige Zuordnung bekommst du 1 Punkt. Du kannst also insgesamt 9 Punkte erreichen.

2 Wissenschaftler, die das **Fußballspielen** mögen, aber keine große **Lust haben,** sich körperlich zu betätigen, lassen Roboter im Fußball **gegeneinander antreten.** Die Roboter müssen **gut programmiert** werden, damit sie auf dem Spielfeld **blitzschnell reagieren** und nichts **schiefgeht.** Bei dem Spiel selbst dürfen die Menschen nicht **mitspielen,** z. B. indem sie ihre Roboter **fernsteuern.** Mittlerweile wird überlegt, ob Robotermannschaften bald schon so **gut sind,** dass sie gegen Menschen **spielen können.**
Hinweis: Für jede richtige Zusammen- bzw. Getrenntschreibung bekommst du 1 Punkt.
Du kannst also insgesamt 10 Punkte erreichen.

Zeichensetzung

Das Komma in der Satzreihe

Seite 92

1 Gesunde Hunde haben Spaß am Sport**, denn** sie bewegen sich von Natur aus gern. Das gilt zum Beispiel für den Schwimmsport **und** es gilt beinahe noch mehr für den Fußball! Vier Pfoten sind dabei kein Nachteil**, sondern** sie sind – bei genauer Betrachtung – sogar ein Vorteil. Hunde sind auf ihren vier Pfoten nämlich schnell wie der Wind **und** sie sind sehr wendig. Ein kleines Problem gibt es allerdings: Mit Hunden kann man prima spielen**, aber** man kann sich mit ihnen nur mühsam über Regeln verständigen. Mein Hund jedenfalls hat die Abseitsfalle bis heute nicht verstanden.

2 Nicht nur Fußball macht Hunden Spaß**,** sondern auch Frisbee ist für die Vierbeiner ein echtes Vergnügen. Allerdings: Alle Hunde spielen gern**,** aber nicht jeder Hund ist für den Frisbee-Sport geeignet und nicht jeder Hund ist fit genug für diesen Sport. Die Größe muss stimmen**,** die Sprungkraft muss passen**,** die Koordination muss gut sein und die Gesundheit muss natürlich gegeben sein**,** denn sonst drohen den Tieren Verletzungen.

3 Mögliche Lösung:
Tim springt nach dem Frisbee**, doch** sein Hund erwischt die Scheibe**, denn** er ist schneller.

Das Komma im Satzgefüge

Seite 93

1 a + b **Konjunktionen,** *Relativpronomen,* Nebensätze, Verben im Nebensatz

Hier möchte ich einmal nicht über Pferderennen sprechen, **weil** ich gar nicht weiß, **ob** dieser Sport den Pferden wirklich guttut. Schneckenrennen dagegen sind eine Wucht! Die Schnecken, *die* freiwillig vorwärtskriechen, haben ein klares Ziel: ein Salatblatt! Und ein Salatblatt, *das* grün und saftig ist, ist für eine Schnecke verlockender als eine Goldmedaille. Da bin ich mir sicher! Man darf allerdings nicht glauben, **dass** die Schnecken sich deswegen beeilen. **Bevor** eine Schnecke richtig Gas gibt, muss schon etwas ganz Besonderes passieren. Die Schnecken spazieren also mit der größten Ruhe auf ihre Trophäe zu, *die* ihrerseits in Ruhe auf die Schnecken wartet. Verlierer gibt es natürlich keine! Jede Schnecke erhält ihr Blatt, **falls** sie jemals bei ihm ankommt.

2 So könnte deine Lösung lauten:

Vor: Man darf allerdings nicht glauben, dass die Schnecken sich deswegen beeilen.

Nach: Bevor eine Schnecke richtig Gas gibt, muss schon etwas ganz Besonderes passieren.

Dazwischen: Die Schnecken, die freiwillig vorwärtskriechen, haben ein klares Ziel: ein Salatblatt!

Das Komma bei Aufzählungen

Seite 94

1 a + b Kaum zu glauben: 1 In den Niederlanden, in Belgien und in Deutschland wird regelmäßig ein Wettkrähen zwischen Hähnen veranstaltet. 2 Dabei geht es sowohl um die Dauer als auch um die Häufigkeit und vor allem um die Güte des Krähens. 3 Der „Bergische Kräher" und der „Indonesische Kräher" sind besonders begabte, höchst ausdauernde, nimmermüde Langkräher. 4 Andere Rassen oder Sorten haben die Nase entweder bei der Häufigkeit der Krählaute in einem bestimmten Zeitraum oder bei der klanglichen Güte ihres Krähens vorn. 5 Ein reiner Spaß ist das Ganze jedenfalls nicht, sondern Kultur.

6 In Flandern wurde das Wettkrähen bereits 2011 zum staatlich anerkannten Kulturerbe erklärt.

2 **Satz 1:** Komma, weil Länder aufgezählt werden

Satz 2: kein Komma, weil vor den nebenordnenden Konjunktionen „sowohl ... als auch" und „und" kein Komma gesetzt wird

3 Sowohl Spitzenkräher als auch gewöhnliche Bauernhofhähne krähen. Leider! Denn Letztere nehmen weder ein Blatt vor den Schnabel noch irgendeine Rücksicht auf das Schlafbedürfnis von Bauernhofurlaubern. Vater, Mutter, Kind werden mit Sonnenaufgang aus dem Schlaf und aus den Betten gerissen.

Das Komma bei Erläuterungen und Appositionen

Seite 95

1 nachgestellte Erläuterungen, **Appositionen**

Der englische Begriff „Mantrailing" setzt sich zusammen aus den englischen Wörtern „man", das heißt „Mensch", und „trail(ing)", das bedeutet „eine Spur (verfolgen)". Mantrailing, **die Suche nach einem Menschen,** ist oft eine ernste Sache, aber auch eine beliebte Freizeitbeschäftigung mit Hunden. Der Hund verfolgt den Geruch, **den Duft-Fingerabdruck,** einer Person auf Grundlage einer Geruchsprobe. Diese enthält verschiedene Bestandteile, zum Beispiel Hautschuppen. Im Vergleich zum Menschen mit nur ca. 25 Millionen Riechzellen besitzt der Hund einen sehr gut entwickelten Geruchssinn, nämlich ca. 250 Millionen Riechzellen.

2 Der Hund erhält einen Gegenstand**, beispielsweise ein Kleidungsstück,** als Geruchsprobe von der gesuchten Person. Die Geruchsprobe darf nicht mit anderen Gerüchen**, etwa den Händen des Hundeführers,** in Kontakt gekommen sein. Dann wird die Suche gut verlaufen**, das heißt erfolgreich.**

3 Individuelle Lösung

Zeichensetzung bei wörtlicher Rede

Seite 96

1 „Hunde“, behauptet Matti, „sind gute Tänzer.“
„Hunde sind gute Tänzer“, behauptet Matti.

2 **a + b** „Ich hätte nie gedacht, dass ich einmal tanzen werde“, <u>gesteht Matti auf Nicoles Geburtstagsparty</u>. „Auf der Tanzfläche“, <u>entgegnet Susanne</u>, „habe ich dich heute aber nicht gesehen.“ <u>Matti schüttelt den Kopf und verrät etwas verlegen</u>: „Ich tanze mit meinem Collie.“ „Du nimmst uns doch auf den Arm“, <u>schaltet sich Niklas ein</u>. <u>Aber Matti versichert</u>: „Kein Scherz! Cookie und ich tanzen sogar im Verein.“ „Wie geht denn das?“, <u>fragt Nicole neugierig und etwas spöttisch</u>. <u>Da holt Matti sein Handy heraus und sagt</u>: „Seht selbst! Das Video ist am Freitag beim Training entstanden.“ „Alle Achtung“, <u>ruft Nicole</u>. „Aber du weißt schon“, <u>setzt sie hinzu</u>, „wer von euch beiden der bessere Tänzer ist?“

3 Mögliche Lösung:
„Willst du“, fragt Matti, „nächste Woche mit zum Tanztraining kommen?“

Teste dich! – Zeichensetzung

Seite 97

1 A Der Redebegleitsatz nach der wörtlichen Rede wird durch ~~einen Punkt~~/**ein Komma** abgetrennt.
B Vor nebenordnenden Konjunktionen wie *und, oder, sowohl ... als auch* steht in Aufzählungen **kein Komma**/~~ein Komma~~.
C Zwischen einem Hauptsatz und einen Nebensatz ~~kann~~/**muss** ein Komma stehen.
D Die wörtliche Rede steht in **Anführungszeichen**/~~Kommas~~.
E Eingeschobene Nebensätze werden durch **zwei Kommas**/~~ein Komma~~ vom Hauptsatz abgetrennt.
F Nachgestellte Erläuterungen und Appositionen werden ~~durch Klammern~~/**durch Kommas** abgetrennt.
Hinweis: Für jede richtige Auswahl bekommst du 1 Punkt. Du kannst also insgesamt 6 Punkte erreichen.

2 **a** 1 Beim Yoga, einer beliebten Sportart, können dir Tiere begegnen, etwa die Kobra.
2 Aber selbst das Krokodil, das im Yogaraum auf dem Boden liegt, braucht dich nicht zu ängstigen.
3 Die Tiere bezeichnen bestimmte Yogastellungen und veranschaulichen Körperhaltungen.
4 Du wirst also schon mal zu einer Krähe, wenn du Yoga machst.
Hinweis: Für jedes richtige Komma bekommst du 1 Punkt. Du kannst also insgesamt 6 Punkte erreichen.
b 1F – 2E – 3B – 4C
Hinweis: Für jede richtige Zuordnung bekommst du 1 Punkt. Du kannst also insgesamt 4 Punkte erreichen.

3 A „Yoga-Übungen“, erklärt Enrico, „sind gut für den Körper und die Seele.“
B „Seitdem ich Yoga mache, bin ich entspannter“, erklärt er.
Hinweis: Für jedes richtige Satzzeichen bekommst du 1 Punkt. Du kannst also insgesamt 9 Punkte erreichen.

Ich teste meinen Lernstand

A Texte verstehen

Seite 99

1 Richtig sind A, B, E und F. Falsch sind C und D.
Hinweis zur Bewertung: Für jede richtige Antwort erhältst du 1 Punkt. Du kannst also insgesamt 6 Punkte erreichen. Errechne deine Punktzahl und trage sie im Heft auf der Seite 99 bei der Aufgabe 1 ein.

2 Mögliche Lösung:
Sei nicht so gutgläubig gegenüber Menschen, die du nicht kennst.
Hinweis zur Bewertung: Für die Formulierung einer zutreffenden Lehre erhältst du 2 Punkte. Trage deine Punktzahl im Heft auf der Seite 99 bei der Aufgabe 2 ein.

3 Mögliche Lösung:
Die Betrüger verwenden beides, weil sie die Betrugsopfer so besonders gut blenden können. Beim roten Papier wirkt die schöne Farbe (▸ vgl. Z. 15–18). Beim Namen wirken der Doktortitel und der übertrieben vornehme Klang (▸ Z. 44–48).
Hinweis zur Bewertung: Für die richtige Erklärung erhältst du 3 Punkte. Trage deine Punktzahl im Heft auf der Seite 99 bei der Aufgabe 3 ein.

4 Richtig ist Antwort A.
Hinweis zur Bewertung: Für die richtige Erklärung erhältst du 3 Punkte. Trage deine Punktzahl im Heft auf der Seite 99 bei der Aufgabe 4 ein.

Seite 100

5 Richtig sind A, B und E. Falsch sind C und D.
Hinweis zur Bewertung: Für jede richtige Antwort erhältst du 1 Punkt. Du kannst also insgesamt 6 Punkte erreichen. Errechne deine Punktzahl und trage sie im Heft auf der Seite 100 bei der Aufgabe 5 ein.

6 A Schutz vor Betrug bleibt schwierig – B Der Schein trügt – C Betrugsseiten auch in Gaming-Szene –
D Umsonst wird teuer
Hinweis zur Bewertung: Für jede richtige Zuordnung bekommst du 1 Punkt. Du kannst also insgesamt 4 Punkte erreichen. Errechne deine Punktzahl und trage sie im Heft auf der Seite 100 bei der Aufgabe 6 ein.

7 Mögliche Ergänzungen:
„Deshalb" (▸ Z. 2) bezieht sich darauf, dass im Internet Betrüger auftreten, sobald es um Geld geht.
„Das" (▸ Z. 10) bezieht sich darauf, dass gute Ratschläge nicht immer helfen, um sich zu schützen.
Hinweis zur Bewertung: Für jede richtige Antwort (richtige Ergänzung des Satzes) bekommst du 1 Punkt. Du kannst also insgesamt 2 Punkte erreichen. Errechne deine Punktzahl und trage sie im Heft auf der Seite 100 bei der Aufgabe 7 ein.

B Rechtschreibung

Seite 101

8 Insgesamt fürchten Jugendliche am meisten **Abzocke/Betrug** im Internet. Mit zusammen 84 % sind nach Betrug **Viren** das größte Problem für Jugendliche. Am wenigsten kümmern sie **versteckte Kosten.** Etwa ein Drittel der **Mädchen** sorgt sich um Datenmissbrauch, das sind 2 Prozent mehr als sich vor **Cybermobbing** fürchten.
Hinweis zur Bewertung: Für jede richtige Einsetzung (= fett markierte Wörter) bekommst du 1 Punkt. Du kannst also insgesamt 5 Punkte erreichen. Errechne deine Punktzahl und trage sie im Heft auf der Seite 100 bei der Aufgabe 8 ein.

9 Hier findest du die 16 Fehlerwörter in korrekter Schreibweise. Die korrigierten Stellen sind fett gedruckt.
Hinter den Wörtern findest du Tipps zur Rechtschreibung.

- Ze**tt**eltrick (▶ Z. 1): Wenn man bei geschlossener Silbe nur einen Konsonanten hört, wird dieser verdoppelt.
- schne**ll** (▶ Z. 1): Wenn man bei geschlossener Silbe nur einen Konsonanten hört, wird dieser verdoppelt.
  Um diese Regel anzuwenden, musst du Einsilber (schnell) verlängern (schneller).
- hinterla**ss**en (▶ Z. 2): Wenn man bei geschlossener Silbe nur einen Konsonanten hört, wird dieser verdoppelt.
- Gel**d** (▶ Z. 3): Das Wort wird am Wortende mit *d* geschrieben. Wenn du das Wort verlängerst *(Gelder),* hörst du das *d*.
- Schmu**ck** (▶ Z. 3): Wenn man bei geschlossener Silbe nur einen Konsonanten hört, wird dieser verdoppelt.
  Um diese Regel anzuwenden, musst du Einsilber (Schmuck) verlängern (schmücken). Statt *kk* schreibt man *ck*.
- (nichts) **U**ngewöhnliches (▶ Z. 3): Das Wort ist ein nominalisiertes Adjektiv und wird großgeschrieben.
  Du kannst diese Nominalisierung an dem Begleitwort „nichts" (Indefinitpronomen) erkennen.
- Gedr**ä**nge (▶ Z. 4): *Gedränge,* weil es verwandte Wörter mit *a* und *ä* gibt *(Drang, drängen).*
- schü**tt**et (▶ Z. 4): Wenn man bei geschlossener Silbe nur einen Konsonanten hört, wird dieser verdoppelt.
- Anschlie**ß**end (▶ Z. 5): Das Wort wird mit *ß* geschrieben, weil die erste Silbe offen ist.
- (beim) **A**bwischen (▶ Z. 5): Das Wort ist ein nominalisiertes Verb und wird großgeschrieben.
  Du kannst diese Nominalisierung an dem Begleitwort „beim" (= bei dem → Präposition + Artikel) erkennen.
- Wer**t**sachen (▶ Z. 6): Das Wort wird am Wortende mit *t* geschrieben.
  Wenn du das Wort zerlegst und *Wert* verlängerst *(Werte),* hörst du das *t*.
- begrü**ß**en (▶ Z. 6): Das Wort wird mit *ß* geschrieben, weil die erste Silbe offen ist.
- freun**d**schaftlich (▶ Z. 7): Das Wort wird in der Wortmitte mit *d* geschrieben.
  Wenn du das Wort zerlegst und *freund* verlängerst *(Freunde),* hörst du das *d*.
- abgel**e**nkt (▶ Z. 8): lenken schreibt man mit *e*. Es gibt kein verwandtes Wort mit *a (ä).*
- (beim) **U**marmen (▶ Z. 8): Das Wort ist ein nominalisiertes Verb und wird großgeschrieben.
  Du kannst diese Nominalisierung an dem Begleitwort „beim" (= bei dem → Präposition + Artikel) erkennen.
- wir**d** (▶ Z. 8): Das Wort wird am Wortende mit *d* geschrieben.
  Wenn du das Wort verlängerst, hörst *(werden),* hörst du das *d*.

Hinweis zur Bewertung: Für jedes richtig verbesserte Wort bekommst du 1 Punkt. Du kannst also insgesamt 16 Punkte erreichen. Errechne deine Punktzahl und trage sie im Heft auf Seite 101 bei Aufgabe 9 ein.

C Grammatik

Seite 102

10 a Die Adverbialsätze sind unterstrichen

A Für den naiven Beobachter wirkt es so, als ob sich mit einer Wette auf die Kugel unter dem richtigen Becher schnelles Geld verdienen lässt. B Wenn man konzentriert hinschaut, müsste man den Weg der Kugel unter den Bechern verfolgen können. C Von anderen Zuschauern werden immer wieder größere Beträge gewonnen, sodass man es sich selbst auch zutraut. D Tatsächlich kassieren hier aber nur Betrüger, weil die angeblichen Gewinner die Kollegen des Hütchenspielers sind und nur als Lockvögel für ahnungslose Opfer dienen. E Obwohl man die Kugel zu sehen meint, ist sie während des Spiels tatsächlich nie unter einem der Becher. F Der Spieler klemmt sie unter einem Finger fest und platziert die Kugel, sobald das Opfer sein Geld auf den – natürlich falschen – Becher gesetzt hat.

Hinweis zur Bewertung: Für jeden richtig unterstrichenen Adverbialsatz bekommst du 1 Punkt. Du kannst also insgesamt 6 Punkte erreichen. Errechne deine Punktzahl und trage sie im Heft auf Seite 102 bei Aufgabe 10 a ein.

b Kausalsatz (Grund) D – Konditionalsatz (Bedingung) B – Temporalsatz (Zeit) F – Modalsatz (Art und Weise) A – Konsekutivsatz (Folge) C – Konzessivsatz (Einräumung) E

Hinweis zur Bewertung: Für jeden richtig bestimmten Adverbialsatz bekommst du 1 Punkt. Du kannst also insgesamt 6 Punkte erreichen. Errechne deine Punktzahl und trage sie im Heft auf Seite 102 bei Aufgabe 10b ein.

11 a Die Passivformen sind gekennzeichnet.

Das Vortäuschen einer Gewinnchance beim Hütchenspiel wird als Betrug gewertet. Dieser kann polizeilich verfolgt werden. Aber die Täter werden meist nicht gefasst. Denn die Trickbetrüger nehmen Mittäter ins Team auf, die vor der Polizei warnen. Sie beteiligen sie später am Gewinn.

Hinweis zur Bewertung: Für jede richtig gekennzeichnete Passivform bekommst du 1 Punkt. Du kannst also insgesamt 3 Punkte erreichen. Errechne deine Punktzahl und trage sie im Heft auf Seite 102 bei Aufgabe 11a ein.

b Mögliche Umwandlungen ins Passiv (die Passivformen sind unterstrichen):

Mittäter, die vor der Polizei warnen, werden (von den Trickbetrügern) ins Team aufgenommen.

Sie werden später am Gewinn beteiligt.

Hinweis zur Bewertung: Für jeden Satz, den du ins Passiv umgewandelt hast, bekommst du 1 Punkt. Du kannst also insgesamt 2 Punkte erreichen. Errechne deine Punktzahl und trage sie im Heft auf Seite 102 bei Aufgabe 11b ein.

12 Er berichtet, er habe das Spiel eine ganze Weile beobachtet. Ihm sei nicht aufgefallen, dass die Zuschauer mit dem Hütchenspieler zusammenarbeiteten/zusammenarbeiten würden.

(Bei zusammenarbeiten entspricht der Konjunktiv I dem Indikativ Präsens (zusammenarbeiten), deshalb verwendet man als Ersatzform entweder den Konjunktiv II (zusammenarbeiteten) oder die Würde-Ersatzform (zusammenarbeiten würden).

Hinweis zur Bewertung: Für jeden Satz, den du in die indirekte Rede umgewandelt hast, bekommst du 1 Punkt. Du kannst also insgesamt 2 Punkte erreichen. Errechne deine Punktzahl und trage sie im Heft auf Seite 102 bei Aufgabe 12 ein.

D Informieren – Eine Person beschreiben

Seite 103

13 **a** So könnte deine Stoffsammlung aussehen:
Geschlecht: Mann – **Alter (geschätzt):** ungefähr 27 Jahre alt
Figur/Körperhaltung: mittelschlanke Figur, stehend mit verschränkten Armen
Haare (Farbe, Frisur), Bart, Kopfbedeckung: kurze Haare (von Kappe bedeckt), hellbrauner Vollbart, dunkelblaue Basecap
Gesicht (Form, Farbe): rundes, eher blasses Gesicht
Augen/Augenbrauen: braune Augen, die eher weit auseinanderstehen; dichte, geschwungene Augenbrauen
Mund (Lippen), Nase: volle Lippen, geschlossener Mund, lange, breite Nase
Kleidung: dunkelblaue Basecap, dunkelblaues T-Shirt mit Rundhalsausschnitt, feiner, weißer Pullover, mittelblaue Jeans, vorne etwas ausgewaschen, wirft an den Knien kleine Falten, Seitentaschen mit Ziernähten, schneeweiße Turnschuhe (Sneaker) mit weißen Schnürsenkeln und lachsfarbener (beiger) Lasche
Besonderes Kennzeichen: Tätowierung auf rechtem Oberarm

b So könnte deine Personenbeschreibung lauten:

Auf dem Foto sieht man einen ungefähr 27 Jahre alten Mann mit einer eher mittelschlanken Figur. Er steht aufrecht, schaut den Betrachter direkt an und hat die Arme vor seinem Körper verschränkt.
Der Mann hat ein *rundes, eher blasses* Gesicht und einen *hellbraunen* Vollbart, der um den Mund etwas ausgespart ist. Auf dem Kopf **trägt** er eine *dunkelblaue* Basecap, die seine Haare verdeckt. Unter seinen *dichten, geschwungenen* Augenbrauen befinden sich *braune* Augen, die eher *weit* **auseinanderstehen**. Die Nase des Mannes ist relativ *lang* und *breit*. Sein *geschlossener, gerader* Mund **ist** durch *volle* Lippen **gekennzeichnet.**
Er **trägt** ein *dunkelblaues* T-Shirt mit Rundhalsausschnitt. Auf seinen Schultern liegt ein *feiner, weißer* Pullover, dessen Ärmel vor der Brust **zusammengebunden sind.** Seine *mittelblaue* Jeans ist vorne etwas *ausgewaschen* und **wirft** an den Knien *kleine* Falten. Die Seitentaschen der Jeans sind mit Ziernähten versehen. Die Füße des Mannes stecken in *schneeweißen* Turnschuhen mit *weißen* Schnürsenkeln und einer *lachsfarbenen* Lasche.
Am rechten Oberarm ist eine schwarze Tätowierung zu sehen.
Mit seinen verschränkten Armen **sieht** der junge Mann etwas abweisend **aus.**

Darum ist die Beschreibung gelungen:

Die **Einleitung** macht allgemeine Angaben.

Der **Hauptteil** beschreibt das Aussehen der Person in einer geordneten Reihenfolge von oben nach unten.
- *aussagekräftige Adjektive/ Partizipien*
- **abwechslungsreiche Verben**
- treffende Begriffe

Der **Schluss** sagt, wie die Person wirkt.

Hinweise zur Bewertung: Überarbeite deinen Bericht zunächst, damit du ihn leichter bewerten kannst. Gehe dabei die unten genannten Punkte nacheinander durch. Vielleicht kann dir auch eine Mitschülerin oder ein Mitschüler bei der Beurteilung helfen. Notiere dir zu jedem Bereich, den du als gelungen bewertest, die angegebene Punktzahl. Errechne dann deine Gesamtpunktzahl und trage sie im Heft auf der Seite 103 bei der Aufgabe 13 ein.

Ist deine Beschreibung klar gegliedert? Ziehe Querlinien zwischen Einleitung, Hauptteil und Schluss.	☐ /3 Punkte
Hast du in der **Einleitung** allgemeine Angaben zur Person gemacht (Geschlecht, Alter, Größe, Tätigkeit)?	☐ /2 Punkte
Hast du im **Hauptteil** das Aussehen und die Kleidung der Person in einer geordneten Reihenfolge, z. B. von oben nach unten, beschrieben?	☐ /6 Punkte
Hast du im **Schlussteil** beschrieben, wie die Person auf dich wirkt?	☐ /2 Punkte
Hast du aussagekräftige Adjektive *(dunkelblau, fein)* und/oder Partizipien *(ausgewaschen)* verwendet?	☐ /2 Punkte
Hast du treffende Verben verwendet (z. B. *tragen, aussehen, besitzen, aufweisen*)?	☐ /2 Punkte
Hast du durchgängig sachlich geschrieben und persönliche Wertungen vermieden?	☐ /1 Punkt
Hast du als Zeitform das Präsens *(steht, trägt)* gewählt?	☐ /2 Punkte

Auswertung deiner gesamten Testergebnisse:

- Nachdem du deinen Lernstandstest mit Hilfe des Lösungsteils (▶ S. 44–46) korrigiert hast, hast du auf den Seiten 98–103 des Arbeitsheftes bei jeder Aufgabe deine Punktzahl eingetragen.
- Rechne nun aus, wie viele Punkte du in den Bereichen A „Texte verstehen", B „Rechtschreibung", C „Grammatik" und D „Informieren – Eine Person beschreiben" erreicht hast.

Gesamtpunktzahl für:	deine Punktzahl	Höchstpunktzahl	Hinweise
A Texte verstehen		29	Du solltest von den 29 Punkten mindestens 15 Punkte erreicht haben. Wenn du weniger als 15 Punkte im Bereich „Texte verstehen" hast, solltest du verstärkt Texte lesen. Lies die Texte genau und kläre zentrale Begriffe, die du nicht verstehst. Fasse bei jedem Text dir wesentlichen Informationen zusammen. Die W-Fragen können die dabei helfen. Bitte auch deine Deutschlehrerin oder deinen Deutschlehrer, dir entsprechende Übungen zu geben.
B Rechtschreibung		16	Du solltest von den 16 Punkten mindestens 9 Punkte erreicht haben. Wenn du weniger als 9 Punkte hast, solltest du den Bereich „Rechtschreibung" im Arbeitsheft noch einmal üben (▶ S. 67–97). Wiederhole auch die entsprechenden Regeln zur Rechtschreibung aus deinem Schülerbuch.
C Grammatik		19	Du solltest von den 19 Punkten mindestens 10 Punkte erreicht haben. Wenn du weniger als 10 Punkte hast, solltest du den Bereich „Grammatik" im Arbeitsheft noch einmal üben (▶ S. 34–66). Wiederhole auch die entsprechenden Regeln zur Grammatik aus deinem Schülerbuch.
D Informieren – Eine Person beschreiben		20	Du solltest von den 20 Punkten mindestens 10 Punkte erreicht haben. Wenn du weniger als 10 Punkte hast, solltest du den Bereich „Personen beschreiben" im Arbeitsheft noch einmal üben (▶ S. 15–17). Wiederhole auch die entsprechenden Regeln und Beispiele zur Personenbeschreibung aus deinem Schülerbuch.
den ganzen Test		84	

☺ 84–57 Punkte	😐 56–31 Punkte	☹ 30–0 Punkte
Du liegst im guten bis sehr guten Bereich. Vielleicht siehst du dir trotzdem noch einmal die Stellen an, in denen du dich noch verbessern kannst.	**Einiges gelingt dir gut, manches musst du aber noch einmal üben.** Einiges gelingt dir gut, manches musst du noch üben. Prüfe mit Hilfe der Tabelle oben, in welchen Bereichen (A, B, C oder D) du wenige Punkte hast. Diese Bereiche solltest du noch einmal üben.	**Du musst vieles wiederholen und noch einmal gründlich üben.** Du musst vieles wiederholen und noch einmal gründlich üben. Prüfe mit Hilfe der Tabelle oben, in welchen Bereichen (A, B, C oder D) du wenige Punkte hast. Frage auch deine Lehrerin oder deinen Lehrer, wie du vorgehen kannst, um dich zu verbessern.

Deutschbuch

Gymnasium

Berlin, Brandenburg, Mecklenburg-Vorpommern, Sachsen, Sachsen-Anhalt, Thüringen

Arbeitsheft
Lösungen

7

Cornelsen

220009419

Materialgestützt informieren

Einen Informationstext untersuchen

Seite 5

2 **a + b** Folgende drei Fragen werden im Hauptteil beantwortet (Angabe mit entsprechenden Zeilenangaben):
A Warum spielen deutsche Computerspiele auf dem internationalen Markt keine Rolle? (► Z. 19–25)
B Was ist der Deutsche Computerspielpreis? (► Z. 5–9)
E Welche Bedeutung haben die verschiedenen Kategorien bei der Preisvergabe? (► Z. 10–18)

3 Folgende (Fach-)Begriffe werden im Text erklärt:
- der Verband „game“ (Erklärungen in Z. 5–6)
- Preis für die beste Inszenierung (Erklärung in Z. 15–16)
- Storytelling (Erklärung in Z. 15–16)

4 **a** Jugendliche
b Folgende Passage aus dem Text solltest du markiert haben:
Besonders interessant für uns sind natürlich die Jugendspiele für Gamerinnen und Gamer zwischen 12 und 16 Jahren (► Z. 28–29).

5 So könnte die Überschrift für den Text lauten:
- And the winner is – die besten deutschen Computerspiele
- Der Deutsche Computerspielpreis

6 Die unterstrichene Passage nimmt Bezug auf das verwendete Ausgangsmaterial:
Wie das Ergebnis einer Umfrage zeigt, kommen die meisten erfolgreichen Spiele aus Japan, Kanada oder den Vereinigten Staaten. Deutlich wird auch, dass die Computerspielbranche zwar weltweit wächst, aber der Anteil der deutschen Spielentwicklungen schrumpft. (► Z. 20–24)

Einen Informationstext verfassen

Seite 8

3 So könntest du deinen Text markiert haben:
- Warum ist ein Selfie nicht nur ein Bild, sondern auch ein Kommunikationsmittel?
- Was ist Jugendlichen bei Selfies wichtig? Warum?
- Welche Probleme können Fotobearbeitungs-Apps mit sich bringen?

M1: Mein Selfie und ich
Jugendliche machen's, Kinostars auch, Sportler sowieso – und eigentlich wir alle. Das Selfie ist überall, ob im Schulbus, auf der Klassenfahrt, im Konzert, im Fußballstadion oder einfach mal so auf der Straße. Man möchte einfach für diesen Moment spontan wirken und andere überraschen. Selfies sind aber nicht nur Fotos, sie enthalten für den Betrachter viele Informationen und fordern zur Kommunikation auf. Mit Gesten, Kopfhaltungen und Grimassen soll den anderen mitgeteilt werden, wie es einem geht, und andere sollen – wie bei einem Gespräch – auf die Selfies reagieren und diese kommentieren. Verschickte man früher Postkarten mit drei Sätzen, sendet man heute ein aussagekräftiges Selfie, das den Leuten signalisiert, was man gerade macht und an welchem Ort man sich gerade befindet. Das kann zwar spontan aus einer Stimmung heraus entstehen, wird aber auch häufig aufwendig inszeniert. Eine Studie zeigt, dass Jugendliche sich bei einem Selfie von ihrer besten Seite zeigen wollen und ihnen die perfekte Inszenierung beim Selfie sehr wichtig ist: Sorgfältiges Styling, ein gekonntes Posing, der optimale Hintergrund und nicht zuletzt der richtige Blick in die Kamera spielen hierbei eine wichtige Rolle. Interessant ist, dass nur die wenigsten Jugendlichen das auch zugeben. Stattdessen behaupten sie, die Bilder seien eher spontan entstanden. Was wir in den sozialen Netzwerken zu sehen bekommen, ist aber nur ganz selten ein spontanes Selfie. Inszenierte Bilder garantieren eben viel eher Likes und Kommentare, die den meisten Jugendlichen laut einer Studie sehr wichtig sind. Gerade Teenager ermitteln anhand der

Likes ihre Wirkung auf andere: Bin ich beliebt? Sehe ich gut aus? 34 Prozent der Mädchen und Jungen sagen, dass ihnen viele Likes sehr viel bedeuten. Und 47 Prozent geben zu, dass sie sich besser fühlen, wenn sie viele Likes bekommen. Es geht also darum, das Selbstbewusstsein zu stärken und Anerkennung zu gewinnen. Einige Jugendliche haben aber noch ganz andere Ziele mit ihren unzähligen Selfies. Sie haben den Wunsch, durch ihre Postings als Influencer berühmt zu werden. Einige werben sogar mit ihren vielen Followern und Likes: *„Im Moment habe ich mehr als 3000 Follower auf Insta."* Und natürlich geht es bei einem Selfie auch darum, sich selbst an die schönen Momente im Leben zu erinnern. An Momente mit Freunden, im Urlaub, auf der Klassenfahrt ...

M 3: Mehr Likes und Follower dank Beauty-App?

Der britische (GNTM-)Fotograf Rankin hat ein Fotoprojekt veröffentlicht, das sich mit den Gefahren von Selfies auseinandersetzt. Für „Selfie Harm" (deutsch: Selfie-Schaden) hat Rankin Jugendliche zwischen 13 und 19 Jahren fotografiert. Danach sollten sie ihr Bild mit einer Fotobearbeitungs-App so verändern, wie sie es auf Social-Media-Kanälen posten würden. Die Augen wurden größer, die Figur schmaler, die Haut strahlender: In nur wenigen Sekunden erschufen sie ein neues, makelloses Ich – alles nur für Social-Media-Likes. Mit seinem Projekt „Selfie Harm" möchte der Modefotograf Rankin auf den Schönheitswahn in den sozialen Medien aufmerksam machen und den Jugendlichen Mut machen, zu ihrem Aussehen zu stehen. Denn hinter der Selbstoptimierung mittels Filter und Beauty-Apps steckt ein gefährlicher Trend, warnen Psychologen. Die Flut der geschönten Bilder erhöht den Druck auf Teenager. Wer Likes erzeugen will, muss da mithalten. „Man vergleicht sich ständig mit seinen Fotos im Beauty-Modus oder mit Bildern von angesagten Top-Influencern und findet sich im Vergleich natürlich hässlich", meint die 16-jährige Schülerin Sophia. Das drückt das Selbstbewusstsein bis hin zur Depression, warnen Psychologen. Andere streben schon früh eine Schönheitsoperation an, weil sie so aussehen wollen wie ihr makelloses Filter-Ich oder den optimierten Bildern ihrer Internet-Stars nacheifern. Allerdings gibt es auch eine Gegenbewegung zum Selfie-Schönheitswahn: Nutzer/-innen verbreiten mittlerweile bewusst hässliche Selfies in sozialen Netzwerken, um gegen den Schönheitswahn zu protestieren. Es geht darum, möglichst unattraktiv und schräg auszusehen, zum Beispiel mit Doppelkinn oder verbogener Nase. Jeder versucht, sich von seiner hässlichsten Seite zu zeigen: Der Spaß bei dieser Aktion ist garantiert.

4 Zum Beispiel:
Besonders wichtig bei Selfies ist den Jugendlichen der Hintergrund (71 Prozent der Jungen/Männer und 60 Prozent der Mädchen/Frauen) und die Pose (51 Prozent der Jungen/Männer und 57 Prozent der Mädchen/Frauen).

5 Zum Beispiel:

1. Warum ist ein Selfie nicht nur ein Bild, sondern auch ein Kommunikationsmittel?
Selfies enthalten Informationen, fordern zur Kommunikation auf; mit Gesten und Grimassen teilt man anderen mit, wie es einem geht; wie bei einem Gespräch sollen die anderen auf die Selfies reagieren; früher verschickte man Postkarten, heute sendet man ein Selfie, was zeigt: was ich mache und an welchem Ort ich bin

2. Was ist Jugendlichen beim Selfie wichtig? Warum?
perfekte Inszenierung sehr wichtig (obwohl das Gegenteil behauptet wird): sorgfältiges Styling, gekonntes Posing, optimaler Hintergrund, richtiger Blick in die Kamera, denn (Grund): inszenierte Bilder garantieren eher Likes und Kommentare, die sehr wichtig sind (Studie: 34 Prozent bedeuten Likes sehr viel, 47 Prozent fühlen sich besser durch Likes); Selbstbewusstsein stärken und Anerkennung zu gewinnen
Grafik: Hintergrund (71 Prozent der Jungen/Männer und 60 Prozent der Mädchen/Frauen) und Pose (51 Prozent der Jungen/Männer und 57 Prozent der Mädchen/Frauen) sehr wichtig

3. Welche Probleme können die Fotobearbeitungs-Apps mit sich bringen?
durch Fotobearbeitungs-Apps werden die Fotos alle optimiert; neues, makelloses Ich nur für Social-Media-Likes; Gefahr bei Selbstoptimierung (laut Psychologen): geschönte Bilder erhöhen Druck, man vergleicht sich ständig mit Fotos im Beauty-Modus, findet sich im Vergleich hässlich; Selbstbewusstsein sinkt, Depression, Magerwahn, Wunsch nach Schönheits-OPs, um sich makellosem Filter-Ich anzugleichen

Seite 9

6 a Individuelle Lösung

b – Ein Selfie ist eine Kommunikation über Bilder, denn mit einem aussagekräftigen Selfie teilen wir anderen einige Informationen mit.
– Obwohl die meisten Jugendlichen behaupten, die Selfies würden spontan entstehen, ist ihnen laut einer Studie die perfekte Inszenierung beim Selfie sehr wichtig.
– Weil heute jeder sein Foto optimiert, sehen wir nur noch geschönte Bilder.

c + d Der folgende Hauptteil ist eine Musterlösung:

Ein Selfie ist eine Kommunikation über Bilder, denn mit einem aussagekräftigen Selfie teilen wir anderen einige Informationen mit.
Durch Gesten und Grimassen erfahren die anderen zum Beispiel, wie es uns geht. Häufig wird auch gezeigt, was man gerade tut oder an welchem Ort man sich aktuell befindet. Wie bei einem Gespräch sollen die Adressaten auf das Selfie durch Kommentare reagieren.
Obwohl die meisten Jugendlichen behaupten, die Selfies würden spontan entstehen, ist ihnen laut einer Studie die perfekte Inszenierung beim Selfie sehr wichtig. Dazu gehören ein perfektes Styling, ein gekonntes Posing, ein optimaler Hintergrund und der richtige Blick in die Kamera. Laut einer Umfrage sind dabei den Jugendlichen der Hintergrund und die Pose am wichtigsten. Der Grund für diese Inszenierung: Inszenierte Bilder garantieren eher Likes und Kommentare, die den Jugendlichen sehr wichtig sind. Laut einer Studie fühlen sich 47 Prozent aller Jugendlichen durch die Likes besser, weil sie ihr Selbstbewusstsein stärken.
Es gibt aber auch Probleme, die das Anfertigen von Selfies mit sich bringen. Durch Fotobearbeitungs-Apps werden die Fotos alle für die sozialen Medien optimiert. Durch diese geschönten Bilder steigt aber laut den Psychologen der Druck auf die Jugendlichen, denn sie vergleichen sich mit ihren Fotos im Beauty-Modus und finden sich im Vergleich hässlich. Dadurch sinkt das Selbstbewusstsein und es können sogar Depressionen entstehen. Bei anderen Jugendlichen entsteht schon früh der Wunsch nach Schönheitsoperationen, um sich äußerlich den geschönten Fotos anzugleichen.

– Im Hauptteil werden nacheinander die einzelnen Aspekte der Aufgabenstellung beantwortet;
– Zusammenhänge werden erklärt und durch Satzverknüpfungen und Überleitungen deutlich gemacht
– der Text ist sachlich und im Präsens formuliert

Natürlich machen Selfies Spaß und man sollte sie nicht alle verteufeln. Aber vielleicht wäre es gut, wenn wir wirklich spontaner wären und nicht jedes Selfie durch die Bildbearbeitung jagen würden. Wir könnten unser Selbstbewusstsein ja auch aus anderen Dingen ziehen als aus Likes. Oder?

Im Schluss wird ein Wunsch an die Leser/-innen formuliert.

Argumentieren

Eine Argumentation untersuchen

Seite 11

2 a Folgende Meinung (Position) wird von der Schülervertretung in dem Text vertreten:
Die Teilnahme am Kauf-nix-Tag ist wichtig, um unser Konsumverhalten zu hinterfragen.

b + Die beiden Argumente sind markiert, die dazugehörenden Beispiele sind unterstrichen.

3 a Der Abschnitt, in dem ein Einwand aufgegriffen und entkräftet wird, ist so markiert.

Macht mit beim Kauf-nix-Tag! Das schnelle Eis zum Mitnehmen, das reduzierte Oberteil im Lieblingsladen oder die Zeitschrift am Kiosk: Am internationalen Kauf-nix-Tag verzichtet man auf all dies. Auch in diesem Jahr wird wieder am letzten Samstag im November zum eintägigen Einkaufsstopp aufgerufen und wir als Schülervertretung wollen euch dazu aufrufen, an diesem Kauf-nix-Tag teilzunehmen.	
Wir finden eine Teilnahme am internationalen Kauf-nix-Tag wichtig, um unser Konsumverhalten und unseren Lebensstil zu überdenken, denn täglich kaufen wir Dinge, die wir eigentlich nicht brauchen. Laut einer Umfrage der Umweltorganisation Greenpeace werden beispielsweise 40 Prozent der Sachen im Kleiderschrank nicht getragen. Angetrieben von der Werbung und den verlockenden Schlussverkaufsangeboten stecken wir Zeit und Geld in Sachen, die uns meist nicht glücklicher und zufriedener machen.	Meinung Argument Beispiel
Unser Konsumverhalten zu überdenken ist aber auch notwendig, weil unser Lebensstil die Umwelt zerstört. Bei jedem Kauf eines T-Shirts, eines Handys oder eines Paar Sneakers werden enorme Mengen an Wasser und Rohstoffen verbraucht sowie Tonnen von klimaschädlichen Treibhausgasen ausgestoßen. Mit unserem verschwenderischen Kaufverhalten beschleunigen wir den Klimawandel und produzieren riesige Müllberge. Wenn wir die Erde nicht zerstören wollen, müssen wir unseren Lebensstil ändern.	Aufgreifen der Meinung Argument Beispiel
Einige wenden ein, dass der Kauf-nix-Tag nichts bringt, weil die Einkäufe einfach nur auf den nächsten Tag verschoben werden. Das ist aus unserer Sicht aber falsch, denn dieser Tag ist ein guter Anlass, um das eigene Konsumverhalten zu hinterfragen und vielleicht langfristig etwas zu verändern.	Abschnitt, in dem ein Einwand aufgegriffen und entkräftet wird
Die Auswirkungen unseres Konsums auf unsere Umwelt sind so groß, dass wir uns in der Pflicht sehen, unser Konsumverhalten zu überdenken. Unterstützt uns und die Umwelt und macht mit beim Kauf-nix-Tag am letzten Samstag im November.	

b Formulierung, mit der das Gegenargument eingeleitet wird: *Einige wenden ein, dass ...*
Formulierung, mit der die Entkräftigung eingeleitet wird: *Das ist aus unserer Sicht aber falsch, denn ...*

4 Der richtet sich an Schüler und Schülerinnen.

5 Der Schluss beinhaltet den Aufruf (Appell), beim Kauf-nix-Tag mitzumachen.

6 Umfrage der Umweltorganisation Greenpeace – ~~Zeitungsartikel zum Recycling~~ – ~~Flyer zum veganen Kochen~~ – Zeitungsartikel zum Kauf-nix-Tag in Deutschland

Materialgestützt argumentieren

Seite 12

1 **b** Ich soll meine Leser/-innen davon überzeugen, bei einem Upcycling-Workshop mitzumachen.

Seite 13

3 **a** Folgende Informationen könntest du in den Texten für deine Argumentation unterstrichen haben.

M 1: Upcycling – aus Alt mach Neu

Upcycling ist eine Form der Wiederverwertung, bei der aus alten, kaputten, gebrauchten oder (scheinbar) wertlosen Gegenständen wie Holzpaletten, Obstkisten, Weinflaschen und alter Kleidung neue Produkte gefertigt werden. Bekannt ist Upcycling auch unter dem Stichwort „aus Alt mach Neu". Gerade in Notzeiten war diese Art der Herstellung von nützlichen und schönen Dingen beliebt. Das Selbermachen macht nicht nur Spaß, sondern ist oftmals günstiger, ressourcenschonend und umweltfreundlich.

Im Gegensatz zum Recycling, bei dem das Ausgangsmaterial oft an Wert verliert, steigert man beim Upcycling den Wert des Ursprungsmaterials, daher die Vorsilbe „up" (engl.: hinauf, nach oben, aufwärts).

M 2: Interview mit Upcycling-Experten Michael Süss

Upcycling wird im Zuge des aktuellen Do-it-yourself-Trends immer beliebter. Wir fragen den Upcycling-Experten Michael Süss, was hinter diesem Trend steckt.

Was ist in Ihren Augen das Wichtigste beim Upcycling?

Michael Süss: Ein Argument für das Upcycling ist die Müllvermeidung. Statt alte Sachen einfach wegzuwerfen, schenken wir ihnen ein zweites Leben. Beim Upcycling kann ich Produkte viel länger nutzen. Wer die Upcycling-Idee unterstützen möchte, aber selbst handwerklich nicht so begabt ist oder wenig Zeit hat, kann natürlich auch Upcycling-Ware kaufen.

Inwiefern ist Upcycling ein Beitrag zum Umweltschutz?

Michael Süss: Neben der Vermeidung von Müll spart man natürliche Ressourcen wie Energie und Wasser, die für die Herstellung von neuen Produkten verwendet werden. Und: Durch das Upcycling – gerade von Kleidung – kann ich einen Beitrag zur CO_2-Reduzierung leisten. Aktuell produziert die Textilindustrie weltweit jedes Jahr 1,2 Milliarden Tonnen CO_2. Das ist mehr als der gesamte Flugverkehr mit 0,9 Milliarden Tonnen. Wer seine Kleidung upcycelt, kann also einen aktiven Beitrag zum Klimaschutz leisten.

Gibt es denn auch einen direkten Nutzen beim Upcycling, den ich als Verbraucher sofort spüre?

Michael Süss: Klar, durch das Upcycling kann man eine Menge Geld sparen und man hat ein Produkt, das ein echtes Unikat ist. Außerdem macht es doch Spaß, aus Holzpaletten ein Regal oder ein Sofa zu bauen, ein cooles Shirt zu tragen, einen Fußball oder eine alte Schallplatte zu einer Lampe umzugestalten oder einen alten Stuhl wieder schön herzurichten.

Gibt es auch Einwände gegen Upcycling?

Michael Süss: Ja, es gibt kritische Stimmen, die einwenden, dass Upcycling nur ein Tropfen auf den heißen Stein sei und nicht die Umweltprobleme unserer Zeit lösen könne. Aber den Nutzen von Upcycling sehe ich vielmehr darin, dass die Menschen insgesamt ihr Konsumverhalten überdenken und nicht ständig neue Sachen kaufen.

Seite 14

4 a So könnte deine Stoffsammlung aussehen:

Stoffsammlung: Gründe, die für den Upcycling-Workshop sprechen:

Argumente	Beispiele zu den Argumenten
– Upcycling ist ein aktiver Beitrag zum Umwelt- und Klimaschutz.	– *Müllvermeidung (Produkte werden durch Wiederverwertung länger genutzt); Ressourcen wie Energie und Wasser, die man für Herstellung neuer Produkte braucht, werden eingespart; Beitrag zur CO_2-Reduzierung: Textilindustrie produziert jährlich 1,2 Milliarden Tonnen CO_2 (Vergleich: 0,9 Milliarden Tonnen CO_2 jährlich für den Flugverkehr).* → *Laut einer Umfrage ist der Umweltschutz beim Upcycling den Menschen am wichtigsten (72 Prozent).*
– Durch Upcycling spart man Geld.	– *Alte Sachen wiederzuverwerten ist billiger als das Kaufen von Neuware.* → *Laut einer Umfrage ist das nur 11 Prozent wichtig.*
– Upcycling macht Spaß.	– *Das Umgestalten von alten oder gebrauchten Dingen macht Spaß. Zum Beispiel kann man aus Holzpaletten ein Regal oder Sofa bauen, ein T-Shirt neu designen oder aus einem Fußball oder einer Schallplatte eine Lampe bauen. Am Ende hat man ein Unikat, das einzigartig ist.* → *Laut einer Umfrage ist das 17 Prozent der Befragten beim Upcycling wichtig.*

b Individuelle Lösung

5 Mögliche Lösung:
Einige wenden ein, dass das Upcycling nicht alle Umweltprobleme löst. Dem kann man entgegenhalten, dass es beim Upcycling vor allem darum geht, dass die Menschen insgesamt ihr Konsumverhalten überdenken und nicht ständig neue Sachen kaufen.

6 a + b + c Die folgende Argumentation ist eine Musterlösung:

Kaufen, kaufen und noch mehr kaufen? Halt, stopp! Wie wäre es denn mal mit Selbermachen? Upcycling liegt im Trend und auch wir von der Umwelt-AG planen einen Workshop hierzu. Was spricht eigentlich für das Upcycling, bei dem alte, kaputte oder gebrauchte Produkte wiederverwendet oder repariert werden? Wir haben für euch genauer hingeschaut.	Die Einleitung führt in das Thema ein.
Beschäftigt man sich mit dem Thema, merkt man schnell, dass das Upcycling aus verschiedenen Gründen sinnvoll ist. Ein wichtiges Argument für das Upcycling ist, dass es Spaß macht. Man kann zum Beispiel aus Holzpaletten ein Regal oder Sofa bauen, ein T-Shirt neu designen oder aus einem Fußball oder einer Schallplatte eine Lampe bauen. Am Ende besitzt man sogar ein Unikat, das einzigartig ist.	Meinung Argument Beispiel
Weitaus wichtiger ist aber, dass das Upcycling ein aktiver Beitrag zum Umwelt- und Klimaschutz ist. Durch die Wiederverwertung werden Produkte viel länger genutzt und landen nicht sofort auf dem Müll. Weitaus wichtiger ist aber, dass durch das Upcycling Ressourcen wie Energie und Wasser eingespart werden, die man für die Herstellung neuer Produkte braucht, und der CO_2-Ausstoß reduziert wird. Allein die Textilindustrie produziert jährlich 1,2 Milliarden Tonnen CO_2, also 0,3 Tonnen mehr CO_2 als der Flugverkehr. Dass der Umweltschutz beim Upcycling die größte Rolle spielt, bestätigt auch eine Umfrage. Hier geben 72 Prozent der Befragten an, dass für sie der Umweltschutz beim Upcycling entscheidend ist.	Argument Ausführung des Arguments + Beispiel
Einige wenden ein, dass das Upcycling nicht alle Umweltprobleme löst. Dem kann man entgegenhalten, dass es beim Upcycling vor allem darum geht, dass die Menschen insgesamt ihr Konsumverhalten überdenken und nicht ständig neue Sachen kaufen.	Einwand wird aufgegriffen und entkräftet.
Wir wollen nicht zusehen, wie unsere Erde durch unseren Konsum zugrunde geht. Engagiert euch für die Umwelt, macht mit beim Upcycling-Workshop der Umwelt-AG und lernt, wie man aus alten Sachen schöne Unikate herstellt.	Der Schluss enthält ein Aufruf , beim Upcycling-Workshop mitzumachen.

Beschreiben und erklären

Eine Personenbeschreibung untersuchen

Seite 15

2 a Einleitung: Zeile 1–4; Hauptteil: Zeile 5–17; Schluss: Zeile 18–19
b Zuordnung der unterstrichenen Textstellen:
– aussagekräftige Adjektive/Partizipien: älteren, weißgrauen, gebräunte
– treffende Verben: sehen ... aus, wirkt, erkennt
c mögliche weitere **Adjektive/Partizipien** und Verben:
Das Foto zeigt einen älteren, etwa **sechzigjährigen** Mann von mittlerer Größe. Er sitzt vor einer Steinmauer **breitbeinig** auf einem **niedrigen** Hocker. Mit seinen Händen stützt er sich auf den Knien ab. Seine Waren, möglicherweise selbst **angefertigte** Messer und Schmuckstücke, bietet er auf einem **schmalen** Tisch an.
An dem Mann fallen zuerst seine **langen, ergrauten, lockigen** Haare auf, die bis über die Schultern reichen. Unter seinem weißgrauen Vollbart sind sein Mund und sein Kinn kaum zu erkennen. Das gebräunte Gesicht des Mannes weist an Stirn und Augen einige Falten auf. Er kneift die Augen etwas zusammen und runzelt die Stirn. Seine **ausgeprägten** Wangen sehen **leicht gerötet** aus. Die Nase wirkt **groß** und **breit.** Auf dem Kopf hat er eine **einfache, graubraune** Kappe aus **festem** Filz. Der Mann trägt eine **weite** Tunika aus **grobem** Stoff von **beiger** Farbe. Sie **wirft** viele Falten und reicht ihm bis über die Knie. Unterhalb des Bauches **wird** sie von einer **verzierten** Gürteltasche aus **hellbraunem** Leder **zusammengehalten.** Um seinen Hals hängt eine Kette aus einem Lederband mit Anhängern aus Metall und Perlen. Am Zeigefinger seiner rechten Hand leuchtet ein **einfacher, breiter, silberner** Ring. Unter dem Gewand erkennt man eine **hellgraue** Hose, die er an den Unterschenkeln **stramm** mit einem **naturfarbenen** Stoff **umwickelt** hat. Die Füße des Mannes stecken in **halbhohen, hellbraunen** Lederstiefeln, um deren Schaft er **lange, dünne** Riemen bis hinauf zum Stoff **geschnürt** hat.
Insgesamt erscheint die Aufmachung des Mannes so, wie man sich Menschen aus dem Mittelalter vorstellt. Er selbst wirkt **freundlich** und **aufmerksam.**

Eine Person beschreiben

Seite 16

1 a Mögliche Lösung:
Geschlecht und kurze Angabe zur Erscheinung: Frau im mittelalterlichen Gewand/Kleid/Kostum
Alter: ca. 30 Jahre
Körperhaltung: aufrecht stehend
Tätigkeit: hält in der linken Hand eine Laterne
b Mögliche Lösung:
Auf dem Foto sieht man eine Frau in einem mittelalterlichen Gewand. Sie ist ungefähr 30 Jahre alt und steht aufrecht. In ihrer linken Hand hält sie eine Laterne.

2 Mögliche Lösung:
Haare (Farbe, Frisur): lang, kinnlang, kurz, ergraut, tiefschwarz, hellblond, dunkelblond, hellbraun, dunkelbraun, rot, glatt, gelockt, gewellt, geflochten, hochgesteckt, zusammengebunden
Gesicht/Ausdruck: länglich, rund, oval, herzförmig, kantig, schmal, breit, eingefallen, voll, glatte Haut, faltige Haut, gerötet, gebräunt, blass, tiefbraun, nachdenklich, freundlich, ernst, heiter, traurig
Augen/Augenbrauen: dunkel, blau, braun, grün, grau, schmal, groß, eng beieinanderstehend , weit auseinanderstehend, mandelförmig, rund blinzelnd, geschminkt, feine/buschige/gerade/geschwungene/helle/dunkle Augenbrauen
Mund/Lippen: schmal, breit, voll, klein, geöffnet, geschlossen, blass, geschminkt
Nase: schmal, breit, spitz, kurz, lang, markant
Körperbau/Figur: zierlich, schmal, schlank, füllig, mollig, kräftig, sportlich, muskulös
Kleidungsstil: modisch, schlicht, elegant, prachtvoll, sportlich, mittelalterlich

Seite 17

3 Mögliche Lösung:
Die Frau hat ein ovales Gesicht und lange, hellblonde Haare, die in leichten Wellen über ihre Schultern fallen. Sie besitzt eine helle, glatte Haut und wirkt dadurch sehr zart. Unter den dunkelblonden, geschwungenen Augenbrauen befinden sich mandelförmige, braune Augen. Ihr Blick ist in die Kamera gerichtet. Die Nase der Frau ist relativ lang und breit. Ihr geschlossener Mund ist durch volle Lippen gekennzeichnet. Freundlich lächelt sie in die Kamera. Die Figur der jungen Frau wirkt schlank. Sie trägt ein mittelalterliches Kleid, das sehr elegant und prachtvoll aussieht.

4 Die folgende Beschreibung der Kleidung (Fortführung des Hauptteils) ist eine Musterlösung:

Auf dem Kopf **trägt** die Frau eine *breite* Hörnerhaube aus einem *leichten, weißen* Tuch, das bis auf die Schultern **herabhängt.** Am oberen Rand des Tuches **sitzt** eine Borte, die vor der Stirn **schwebt.** Die Frau **trägt** ein *langärmeliges* Kleid aus einem *glänzenden, hellblauen* Stoff. Das *hellblaue* Kleid hat ein *feines* Muster aus *blauen* und *hellbraunen, geschnörkelten* Linien. Am Oberkörper **sitzt** es relativ *eng* und **fällt** ab der Hüfte in *geschwungenen* Falten bis zum Boden. Der *weite* Ausschnitt am Hals ist durch eine *beigefarbene* Borte, die mit *weißen* Perlen **bestickt ist,** farblich **abgesetzt.** Diese Borte **zieht sich** wie eine Knopfleiste vom Kragen bis zur Hüfte **hinunter.** Um die Hüfte **trägt** die Frau einen *schmalen, hellbraunen* Ledergürtel mit Verzierungen, der vorne am Bauch *geknotet* ist. Von dort **hängt** ein *langes* Stück des Gürtels bis über das Knie herunter. Am Ende des Gürtels befindet sich eine *kleine, goldfarbene* Kugel.

Darum ist die Beschreibung gelungen:
- Beschreibung in einer geordneten Reihenfolge von oben nach unten
- Verwendung von
- treffenden Begriffen
- *aussagekräftige Adjektive/Partizipien*
- **abwechslungsreiche Verben**

5 a Mögliche Lösung:
freundlich, interessiert, sympathisch, zufrieden
b Die Frau wirkt freundlich und sympathisch.

Ein Bild beschreiben

Seite 18

1 b Mögliche Lösung:
Hauptmotiv (Was wird dargestellt?): Ausflug einer adligen Gesellschaft zur Jagd mit Falken, Pferden und Hunden
Landschaft (auch Gebäude): Wiese, Gewässer, Feld, Hügel, Stadt mit Schloss
Figuren (z. B. Tätigkeit, Kleidung, Aussehen):
ein Falkner mit zwei Falken und einer langen Stange, zwei Paare und eine Dame in prachtvollen Gewändern mit Falken auf Pferden – Badende im Wasser (nackt) – Bauern, die Korn mähen, grasende Tiere

Seite 19

2 **Vordergrund:** feine Jagdgesellschaft
Mittelgrund: Bauern bei der Arbeit und Badende
Hintergrund: Stadt mit Schloss der Adligen
oberhalb des Bildes: Himmelsbogen mit Sonne und Sternzeichen

3 a Mögliche Lösung:
Kleidung: weiß, blassblau, tiefblau, hellgrau, dunkelgrau, hellgrün, rot, blassrosa, schwarz, beige, goldfarben/sandfarben
Landschaft: hellgrün, dunkelgrün, blassgrün (Wiese, Bäume), sandfarben (Wege), beige (Feld), hellgrau (Wasser), tiefblau/azurblau (Himmel)
Stadt/Schloss: hellrosa, hellbraun, blassrot
Himmelsbogen: himmelblau, goldfarben
b Mögliche Lösung:
Die Farben in dem Bild wirken insgesamt hell, strahlend und freundlich.

4 Die folgende Bildbeschreibung ist eine Musterlösung:

Bildbeschreibung „Der Monat August" von den Brüdern von Limburg

Das Bild „Der Monat August" aus dem „Stundenbuch des Herzogs von Berry" wurde von den Brüdern von Limburg zwischen 1410 und 1416 gemalt. Das Bild im Hochformat zeigt den Ausflug einer adligen Gesellschaft.

Im Vordergrund ist eine Gruppe Adliger auf dem Weg zur Jagd mit Falken, Pferden und Hunden dargestellt. Der Falkner geht zu Fuß voran, auf seiner Hand sitzen zwei Vögel. Er zieht eine *lange* Stange hinter sich her, um damit Tiere aus den Büschen zu scheuchen. Er trägt eine einfache *graue* Kleidung, *verschiedenfarbige* Strümpfe und einen *sandfarbenen* Strohhut. Hinter dem Falkner folgt ein Paar, das auf einem *geschmückten, grauen* Pferd reitet. Der Mann trägt einen *blassblauen* Umhang mit einem *weißen* Unterkleid und einen *beigen* Strohhut. Hinter ihm sitzt eine junge Frau im Damensitz. Ihr Kleid ist *dunkelgrau* mit einem *weißen* Unterkleid und *rotem* Ärmel. Auf dem Kopf trägt sie eine *weiße* Haube. Diesem Paar folgt eine Dame auf einem *weißen* Pferd, das reich geschmückt ist. Der *tiefblaue* Umhang der Dame besitzt *goldene* Verzierungen. Auch sie trägt eine *weiße* Haube. Von dieser Dame halb verdeckt folgt ein Paar auf einem *hellbraunen* Pferd. Der Mann mit *rundem* Pelzhut trägt über seinem *schwarzen* Unterkleid eine *hellbraune* Tunika. Die junge Frau hinter ihm trägt ein *blassrosa* Kleid und eine *weiße* Haube. Ganz vorn im Bild sind zwei Hunde zu sehen, die die Jagdgesellschaft begleiten.
Im Mittelgrund des Bildes verläuft ein *hellgrauer* Fluss, in dem zwei Menschen baden und zwei am Ufer sitzen. Unterhalb des Flusses befindet sich eine *hellgrüne* Wiese mit Büschen. Oberhalb des Flusses erkennt man *beigefarbene* Felder, auf denen Bauern ihr Getreide mähen.
Im Hintergrund des Bildes sieht man eine Stadt, die von einem *azurblauen* Himmel umgeben wird.
Oberhalb des Bildes ist ein *tiefblauer* Himmelsbogen zu sehen. Im äußeren Kreis sind die Sternzeichen abgebildet, in der Mitte eine *goldfarbene* Sonne.

Die Farben in dem Bild wirken insgesamt hell und strahlend, sodass das Bild sehr freundlich wirkt.

Darum ist die Beschreibung gelungen:
Die **Einleitung** enthält alle wichtigen Angaben und das Thema des Bildes.

Der Hauptteil
- beschreibt zuerst das Hauptmotiv, dann die Einzelheiten in einer sinnvollen Reihenfolge (Vordergrund, Mittelgrund, Hintergrund)
- Verwendung von genauen Begriffen
- *genaue Angaben zur Farbgestaltung* (meist Adjektive)

Der **Schluss** geht auf die Wirkung des Bildes ein.

5 Mögliche Lösung für eine der Figuren: Falkner
Der Falkner ist ein großer, schlanker, junger Mann mit einem hellbraunen Vollbart. Auf seinem Kopf sitzt ein beigefarbener Strohhut, unter dem hellbraune, kurze Haare hervorscheinen. Der Falkner trägt eine knielange, hellgraue Tunika, die an der Seite und vorne Schlitze hat. Die Tunika wird von einem schwarzen Gürtel auf der Hüfte gehalten. An diesem hängt rechts ein Federspiel, mit dem er die Falken nach der Jagd zurücklockt, und links ein blauer Beutel. Der Handschuh an seiner linken Hand, auf dem die beiden Falken sitzen, ist aus beigefarbenem Leder. An den nackten Beinen trägt der Mann rechts einen roten und links einen schwarzen Kniestrumpf und offene schwarze Stiefel an den Füßen.

Schildern

Einen schildernden Text untersuchen

Seite 20

2 Sinneswahrnehmungen sind unterstrichen. *Empfindungen* sind kursiv gesetzt.

Ein Tag in der Natur

Es ist kühl und schattig, denn die Sonne blinzelt nur gelegentlich durch die dichte Decke aus Laub. Patrick, der Leiter der Wanderung, geht mit schnellen Schritten voran. Er kennt den Wald wie seine Westentasche. Ab und zu weist er die Gruppe von sieben Jugendlichen auf den Laut eines Tieres im Dickicht, eine gedrungene Ulme von gewaltigem Umfang oder auf eine turmhohe Buche hin, die ihre Krone weit in den Himmel reckt. Fast 50 Meter werden diese Baumriesen hoch, fünfmal höher als ein gewöhnliches Einfamilienhaus.
Die Jugendlichen sind gut gelaunt, aber auch auffällig leise. Es wirkt, als würde die Ruhe des Waldes auf ihre Stimmung abfärben. „Ich komme mir vor wie in einem verwunschenen Märchenwald", erklärt Emma und fügt hinzu: „Ich wusste gar nicht, dass es solche Urwälder noch gibt." Die anderen Jugendlichen nicken. *Auch sie empfinden die besondere Atmosphäre des Ortes.* „Dieser Wald ist wirklich sehr alt", wirft Patrick ein, „aber ein naturbelassener Urwald ist er eigentlich nicht. So etwas findet man nur noch in ganz wenigen Ecken Europas." „Schade", seufzt Emma. *„Aber schön ist er ja trotzdem."*
Es geht nun eine ganze Weile bergan und die Gruppe fädelt sich zu einer Perlenschnur auf. Statt der leisen Gespräche hört man bald nur noch den regelmäßigen Atem der Jugendlichen. *Jeder ist mit sich und dem nächsten Schritt beschäftigt.* Dann, nach einem gut einstündigen Anstieg, wird irgendwo im Hintergrund ein Rauschen vernehmbar, das mit jedem weiteren Meter anschwillt. Die Gruppe tritt aus dem Wald und an den Rand einer Schlucht. Tief unten tost ein wilder Bach. Und direkt vor ihnen baumelt eine alte Hängebrücke ...

3 a + b + c Anschauliche Adjektive sind unterstrichen. *Ausdrucksstarke Verben* sind kursiv gesetzt. Sprachliche Bilder sind markiert.

Ein Tag in der Natur

Es ist kühl und schattig, denn die Sonne blinzelt nur gelegentlich durch die dichte Decke aus Laub. Patrick, der Leiter der Wanderung, geht mit schnellen Schritten voran. Er kennt den Wald wie seine Westentasche. Ab und zu weist er die Gruppe von sieben Jugendlichen auf den Laut eines Tieres im Dickicht, eine gedrungene Ulme von gewaltigem Umfang oder auf eine turmhohe Buche hin, die ihre Krone weit in den Himmel *reckt*. Fast 50 Meter werden diese Baumriesen hoch, fünfmal höher als ein gewöhnliches Einfamilienhaus.
Die Jugendlichen sind gut gelaunt, aber auch auffällig leise. Es wirkt, als würde die Ruhe des Waldes auf ihre Stimmung abfärben. „Ich komme mir vor wie in einem verwunschenen Märchenwald", erklärt Emma und fügt hinzu: „Ich wusste gar nicht, dass es solche Urwälder noch gibt." Die anderen Jugendlichen nicken. Auch sie empfinden die besondere Atmosphäre des Ortes. „Dieser Wald ist wirklich sehr alt", wirft Patrick ein, „aber ein naturbelassener Urwald ist er eigentlich nicht. So etwas findet man nur noch in ganz wenigen Ecken Europas." „Schade", *seufzt* Emma. „Aber schön ist er ja trotzdem."
Es geht nun eine ganze Weile bergan und die Gruppe *fädelt* sich zu einer Perlenschnur auf. Statt der leisen Gespräche hört man bald nur noch den regelmäßigen Atem der Jugendlichen. Jeder ist mit sich und dem nächsten Schritt beschäftigt. Dann, nach einem gut einstündigen Anstieg, wird irgendwo im Hintergrund ein Rauschen vernehmbar, das mit jedem weiteren Meter *anschwillt*. Die Gruppe tritt aus dem Wald und an den Rand einer Schlucht. Tief unten *tost* ein wilder Bach. Und direkt vor ihnen *baumelt* eine alte Hängebrücke ...

d **Metapher:** dichte Decke aus Laub – **Vergleich:** wie seine Westentasche – **Personifikation:** die Sonne blinzelt

e So könnte deine Antwort lauten:
Die Wanderung wird so geschildert, dass die Leser ein möglichst lebendiges und anschauliches Bild von ihr bekommen.

Einen schildernden Text schreiben

Seite 21

1 a Mögliche Gefühle sind zum Beispiel: Nervenkitzel, Anspannung, Angst, Abenteuerlust.

b Mögliche sprachliche Bilder:
Vergleiche: das Wasser schäumt und brodelt wie in einem Kochtopf, die Brücke knarzt wie alte Holzdielen, die Brücke schaukelt wie ein Halm im Wind
Personifikationen: die Gischt schlägt um sich, das Wasser brüllt, die Brücke krallt sich fest
Metaphern: ein Tanz auf dem Seil, ein brodelnder Kochtopf, ein Hexenkessel, Löwenbrüllen

2 Mögliche Lösung für eine schildernde Textpassage:

Die Jugendlichen tauschen Blicke untereinander. *Nicht allen ist ganz wohl bei der Sache.* In einer Tiefe von vielleicht sieben Metern **brodelt** das Wasser wie in einem **schäumenden** Kochtopf. Es ist der reinste Hexenkessel. Die Gischt **klettert** den **dunkel glänzenden** Fels hinauf und **schlägt** wie wild **um sich.** Man spürt die Feuchtigkeit in der Luft. Fast *noch beeindruckender* aber ist der ohrenbetäubende Lärm, den der Wildbach erzeugt. Verstärkt durch das Echo der Schlucht klingt sein Tosen und Rauschen wie das Brüllen eines Löwen. „Keine Sorge!", ruft Patrick den Jugendlichen durch den Trichter seiner Hände zu. „Ich bin erst letzte Woche über diese Brücke gegangen. Sie ist absolut zuverlässig! Wenn ihr Probleme mit Höhenangst habt, schaut nicht nach unten und lauft mir einfach hinterher." Die Brücke **hängt** sicher einen halben Meter **durch** und **wiegt sich** sanft im Wind. Ab und zu **knarzt** das Holz, als würde es unter einer Belastung oder dem Einfluss von Luft und Wasser **stöhnen.** Patrick geht voran. Er wirkt entspannt. Die Gruppe folgt im Gänsemarsch und *jedem der Jugendlichen steht seine Gefühlslage überdeutlich ins Gesicht geschrieben. Was für den einen ein Nervenkitzel ist, ein willkommenes Abenteuer, ist für den anderen eine Mutprobe, ein gefährlicher Tanz über dem Abgrund. Einige Blicke sind* ***starr*** *auf Patricks Rücken* ***geheftet,*** *andere* ***schweifen*** *frei und ohne jede Furcht* ***umher.*** Es dauert gerade mal eine Minute, bis die Gruppe wohlbehalten die andere Seite der Schlucht erreicht. „Das war auch schon der abenteuerlichste Teil unsere Wanderung", erklärt Patrick. Es klingt beinahe, als wolle er sich entschuldigen. Da muss Jan lachen: *„Das macht nichts, ehrlich! Damit kann ich prima leben!" Die anderen Jugendlichen grinsen und stimmen erleichtert zu. Dann setzen sie, vielleicht ein bisschen lauter und aufgewühlter als zuvor, ihre Wanderung fort.*

Darum ist die schildernde Textpassage gelungen:

- Sinneswahrnehmungen
- *Empfindungen/Gefühle*
- anschauliche **Adjektive** und **Partizipien** sowie ausdrucksstarke **Verben**
- sprachliche Bilder

Eine Inhaltsangabe zu einer Geschichte schreiben

Eine Kalendergeschichte verstehen

Seite 23

1 **a** Mögliche Markierungen:
- Wo spielt die Geschichte? Obernehingen
- Welche Figuren sind am Geschehen beteiligt? Wettermacher, Bürgermeister, Bürger

b So könnte deine Antwort lauten:
Es geht um einen Betrüger, der versucht, dem Bürgermeister von Obernehingen gutes Wetter zu verkaufen.

2 So könntest du die Sätze ergänzen: Der Wettermacher weiß, dass die Bürgerschaft sich niemals auf ein Wetter einigen wird. Deshalb muss er sein Können als Wettermacher auch gar nicht unter Beweis stellen.

3 So könnte deine Lösung lauten:
Lehre A passt am besten, weil der Bürgermeister „lieber geschwind reich werden möchte als langsam" (► Z. 17 f.) und dem verlockenden Angebot des Wettermachers daher nicht widerstehen kann.

4 So könnte deine Überschrift lauten: „Der betrügerische Wettermacher" oder „Der falsche Wettermacher"

Eine Inhaltsangabe schreiben

Seite 24

1 **Einleitung A:** Kalendergeschichte statt Anekdote, Name des Autors fehlt
Einleitung B: Thema nur ungenau benannt, es geht um einen Betrugsversuch

2 So könnte dein Einleitungssatz lauten:
Die Kalendergeschichte „Der Wettermacher" von Johann Peter Hebel handelt von einem Mann, der sich als Wettermacher ausgibt und auf die Weise eine ganze Gemeinde um viel Geld betrügt.

3 So könnten die Handlungsschritte lauten:
Z. 1–15: Handwerker schlägt Bürgermeister Geschäft vor: gutes Wetter gegen Bezahlung
Z. 16–30: Bürgermeister fordert Probe, Betrüger lehnt Probe ab
Z. 31–39: Einigung auf Bezahlung für ein Jahr
Z. 40–48: Wettermacher fordert: nicht Bürgermeister, sondern Gemeinde soll Wetter festlegen
Z. 49–59: Gemeinde findet keine Einigung, streitet sich über das richtige Wetter, fasst Beschluss
Z. 60–67: Bürgermeister zahlt Wettermacher aus, Wettermacher verlässt Gemeinde

Seite 25

4 Diese Streichungen könntest du vornehmen:
Ein ~~gemeiner und geldgieriger~~ Mann fasst den Plan, die Bürger von Obernehingen, ~~einer netten und beschaulichen Kleinstadt~~, um ihr ~~wohlverdientes~~ Geld zu betrügen. ~~Das geht natürlich gar nicht!~~ Er bietet an, für besseres Wetter zu sorgen und so die Ernte der Bauern zu verbessern. Schließlich verfüge er als Wettermacher von Bologna, wo alles prächtig gedeihe ~~und bekanntlich das ganze Jahr über Orangen und Zitronen wüchsen~~, über beträchtliche Erfahrung.

5 Satzverknüpfungen und Satzanfänge, die Zusammenhänge verdeutlichen, sind unterstrichen:
Der Bürgermeister freut sich über das Angebot, aber er ist misstrauisch. Daher fordert er den Wettermacher auf, ihm für einen Tag sein Wunschwetter zu liefern.

6 So könnte deine Lösung lauten:
Umschreibung: Der Wettermacher lehnt den Vorschlag ab.
Indirekte Rede: Der Wettermacher erwidert, auf einen Tag könne er sich nicht einlassen.

7 So könnte deine Inhaltsangabe im Hauptteil lauten:
Ein betrügerischer Handwerker bietet dem Bürgermeister von Obernehingen an, gutes Wetter für ihn und seine Gemeinde zu machen. Als Wettermacher von Bologna verfüge er über ausreichend Erfahrung darin, die Täler vor zu viel Regen zu bewahren und die Pflanzen auf den Höhen besser gedeihen zu lassen.
Der Bürgermeister freut sich über das Angebot, aber er ist misstrauisch. Daher fordert er den Wettermacher auf, ihm als Beweis seiner Fähigkeiten für einen Tag sein Wunschwetter zu liefern. Dieser erwidert jedoch, darauf könne er sich nicht einlassen, da das für einen einzigen Tag zu aufwendig sei. Stattdessen einigt man sich darauf, dass der Wettermacher der Gemeinde für ein ganzes Jahr ihr Wunschwetter bereitstellt. Bis dies bewerkstelligt ist, soll er jeden Tag einen Gulden und freie Getränke erhalten. Außerdem soll er an der zu erwartenden reicheren Ernte beteiligt werden.
Nach Vertragsschluss weist der Wettermachen den Bürgermeister darauf hin, dass das Wetter Gemeindesache sei. Der Bürgermeister könne das Wetter nicht eigenmächtig festlegen, sondern müsse in dieser wichtigen Angelegenheit die Meinung seiner Bürger einholen. Erwartungsgemäß kann sich die Gemeinde aber auch im Laufe von acht langen Sitzungen nicht auf ein einziges ideales Wetter einigen. Stattdessen kommt es zum Streit. Daher beschließt ein kluger Gerichtsmann, man solle den Wettermacher auszahlen und ihn fortschicken.
Der Bürgermeister handelt entsprechend und schickt den Betrüger mit neun Gulden seiner Wege. Zurück bleibt eine offene Rechnung für Getränke und dasselbe Wetter wie immer.

Eine Ballade verstehen und gestaltend vortragen

Seite 27

2 a So könnte deine Lösung lauten:
Mutter: Ich möchte auf keinen Fall noch einen Sohn verlieren.
Nis: Aber auch der Mann im Mast hat eine Mutter, die sich um ihn sorgt.
b Nis behält am Ende recht, denn er rettet den vermissten Uwe.

3 Bilder und Bedeutungen passen so zusammen: 1C – 2A – 3B

4 So könnte deine Begründung lauten:
Die Stimmung oder Atmosphäre in dieser Ballade ist von vorneherein nervenzerreißend. Es geht um eine schwer wiegende Entscheidung: ein fremdes Leben unter Einsatz des eigenen Lebens zu retten.

5 b Diese Adjektive kannst du den Figuren zuordnen:
Mutter: panisch, verzweifelt, sorgenvoll
Nis: ruhig, entschlossen, hilfsbereit

6 Textstellen mit einer besonderen Betonung unterstrichen und teilweise am Rand erklärt.
Pausen markiert und teilweise am Rand genauer beschrieben.
Textstellen für einen *lauteren Vortrag* kursiv gesetzt und am Rand näher beschrieben.

Otto Ernst
Nis Randers

Krachen und Heulen und berstende Nacht,
Dunkel und Flammen in rasender Jagd – | |
Ein Schrei durch die Brandung!

Und brennt der Himmel, so sieht man's gut.
Ein Wrack auf der Sandbank! Noch wiegt es die Flut;
Gleich holt sich's der Abgrund.

Nis Randers lugt – und ohne Hast | |
Spricht er: „Da hängt noch ein Mann im Mast;
Wir müssen ihn holen."

Da fasst ihn die Mutter: „Du steigst mir nicht ein:
Dich will ich behalten, du bliebst mir allein, < **direkte Rede hier lauter**
Ich will's, deine Mutter!

Dein Vater ging unter und Momme, mein Sohn;
Drei Jahre verschollen ist Uwe schon,
Mein Uwe, mein Uwe!" **in diesem Vers leiser, verzweifelt**

Nis tritt auf die Brücke. Die Mutter ihm nach!
Er weist nach dem Wrack und spricht gemach: | |
„Und seine Mutter?"

Nun springt er ins Boot und mit ihm noch sechs:
Hohes, hartes Friesengewächs;
Schon sausen die Ruder.

Boot oben, Boot unten, ein Höllentanz!
Nun muss es zerschmettern ...! Nein: Es blieb ganz! | |
Wie lange? *Wie lange?* < **steigernd, lauter**

Mit feurigen Geißeln peitscht das Meer
Die menschenfressenden Rosse daher;
Sie schnauben und schäumen.

Wie hechelnde Hast sie zusammenzwingt! **beide Strophen schnell, dramatisch**
Eins auf den Nacken des andern springt
Mit stampfenden Hufen!

Drei Wetter zusammen! Nun brennt die Welt!
Wie da? – Ein Boot, das landwärts hält – | | **zwei längere Pausen**
Sie sind es! Sie kommen! – – < **wie ein Aufschrei; | | = lange**

Und Auge und Ohr ins Dunkel gespannt ... | | **ängstliche Erwartung**
Still – ruft da nicht einer? – Er schreit's durch die Hand: | **zwei längere Pausen**
„Sagt Mutter, 's ist Uwe!" < **laut, aber wie von fern gerufen**

Einen Sachtext lesen und verstehen

Einen Sachtext untersuchen

Seite 28

1 Individuelle Lösung

Seite 29

2 Antwort B ist richtig.

Seite 30

3 Individuelle Lösung

4 **a** So könnten deine Fragen lauten:
- **Absatz 1:** Wie beeinflusst uns Werbung unbemerkt?
- **Absatz 2:** Warum werden Farben in der Werbung eingesetzt?
- **Absatz 3:** Wie funktioniert Farbenpsychologie?
- **Absatz 4:** Welche Rolle spielt die Farbe Grün in der Lebensmittelwerbung?
- **Absatz 5:** Was versteht man unter Greenwashing?
- **Absatz 6:** Wie sollten Kunden mit Werbung umgehen?

b Diese Schlüsselwörter könntest du markieren:
- **Absatz 1:** Werbung beeinflusst; wie bringt Werbung uns dazu, Produkte zu kaufen
- **Absatz 2:** Farbwahrnehmung; dass unsere Wahrnehmung rasend schnell Impulse verarbeitet
- **Absatz 3:** Werbeindustrie; Farbenpsychologie; Assoziationen der Kunden gezielt ausnutzt; Rot mit Leidenschaft verbunden; Weiß steht für Sauberkeit
- **Absatz 4:** Lebensmittelindustrie; Trend; Verpackungen grüner gestalten; gesund; umweltschonend; Verbraucher bereit für nachhaltige Produkte tiefer in die Tasche zu greifen
- **Absatz 5:** unrechtmäßig; Greenwashing; Quetschies; geht nur um Einnahmen der Hersteller; keineswegs so gesund; viel Müll
- **Absatz 6:** Beeinflussung nicht ganz entgehen; reflektieren; hinterfragen

c Diese Wörter könntest du zum Beispiel erklären:
- **Mechanismen** (▸ Z. 1): Abläufe und Funktionen, die ineinandergreifen
- **Impuls** (▸ Z. 9): Reiz, Anreize
- **Assoziationen** (▸ Z. 18): Verbindungen; Vorstellungen, die sich mit etwas verknüpfen
- **Konsumenten** (▸ Z. 44): Verbraucher

5 So könnte deine Antwort lauten:
Als „Greenwashing“ bezeichnet man eine Irreführung des Kunden durch die Lebensmittelindustrie. Produkte werden durch eine grüne Verpackung als gesund und umweltschonend angepriesen, obwohl sie dies in Wirklichkeit gar nicht sind.

6 So könnte deine Übersicht zum Aufbau des Textes aussehen:
- **Absatz 1:** Wie beeinflusst uns Werbung unbemerkt?
  Inhalt: Beeinflussung vorhanden; unklare Mechanismen
- **Absatz 2:** Warum werden Farben in der Werbung eingesetzt?
  Inhalt: Menschen verarbeiten Farbimpulse sehr schnell
- **Absatz 3:** Wie funktioniert Farbenpsychologie?
  Inhalt: Werbung setzt Erkenntnisse der Farbenpsychologie ein; unwillkürliche Assoziationen der Kunden werden dabei gezielt ausgelöst; Verpackungsfarben werden mit positiven Inhalten verbunden, Rot etwa mit Leidenschaft und Weiß mit Sauberkeit
- **Absatz 4:** Welche Rolle spielt die Farbe Grün in der Lebensmittelwerbung?
  Inhalt: Lebensmittelindustrie verpackt Waren zunehmend grün, weil damit Gesundheit und Umweltbewusstsein verbunden werden; Verbraucher bezahlen bereitwillig für Nachhaltigkeit
- **Absatz 5:** Was versteht man unter Greenwashing?
  Inhalt: vorsätzlicher Betrugsversuch am Verbraucher; Greenwashing bewirbt Produkte als gesund und umweltschonend, die in Wirklichkeit das Gegenteil sind; Beispiel „Quetschies“
- **Absatz 6:** Wie sollten Kunden mit Werbung umgehen?
  Inhalt: Aufruf zum reflektierten Einkaufsverhalten

Seite 31

7 Die folgenden Antworten sind richtig:
1 wirft eine Frage auf und benennt das Thema.
2 benennt und begründet einen wichtigen Faktor der Beeinflussung.
3 führt anhand von Beispielen aus, wie Werbung diesen Faktor nutzt.
4 geht auf einen Werbetrend in der Lebensmittelindustrie ein.
5 zeigt anhand eines Beispiels Versuche der Verbrauchertäuschung auf.
6 fordert einen möglichst aufgeklärten Verbraucher.

8 A argumentativ – B appellativ – C informativ

9 Mögliche Lösung:
Der Text „Die Tricks der Werbung“ wirft die Frage auf, mit welchen Mitteln Werbung das Kaufverhalten von Kunden beeinflusst. Dabei zeigt sich, dass der Farbe und der Farbwahrnehmung eine besondere Rolle zukommt, weil Menschen Farbimpulse sehr schnell aufnehmen und fast unbewusst verarbeiten.
Anhand von Beispielen verdeutlicht der Text, wie Farben auf die Konsumenten wirken. Rot etwa wird unwillkürlich mit positiven Vorstellungen wie Leidenschaft verbunden und Weiß mit Tugenden wie Unschuld oder Sauberkeit. Farbpsychologische Überlegungen liegen also der Gestaltung vieler Produktverpackungen zugrunde.
Eine neue Trendfarbe in der Lebensmittelindustrie ist Grün, weil diese Farbe mit Gesundheit und Umweltbewusstsein verbunden wird und weil die Konsumenten bereit sind, für entsprechende Produkte auch einen etwas höheren Preis zu bezahlen. Allerdings werden auch Produkte als „grün“ beworben, die dies in Wirklichkeit nicht sind. Dann spricht man von Greenwashing, einer bewussten Verbrauchertäuschung, die lediglich das Ziel verfolgt, auf Kosten des getäuschten Verbrauchers höhere Gewinne zu erzielen. Am Beispiel von „Quetschies“ wird ausgeführt, wie ein Produkt als gesund beworben wird, dessen Inhalt tatsächlich nicht gesund und dessen Verpackung nicht nachhaltig ist.
Der Text schließt mit einem Appell an die Konsumenten, auf die Tricks der Werbung nicht hereinzufallen.

10 Individuelle Lösung

Grafiken und Diagramme auswerten

Seite 32

1 Die folgenden Informationen treffen zu:
B Farbe ist das wichtigste Kriterium bei einer Kaufentscheidung.
E Kunden beurteilen ein Produkt häufig nach ihrem ersten Eindruck.
F Der erste Eindruck wird mehrheitlich von der Farbe beeinflusst.
H Es ist wahrscheinlich, dass der erste Eindruck die Kaufentscheidung beeinflusst.

Seite 33

2 Absatz 2 wird durch das Kreisdiagramm bestätigt.

3 A Balkendiagramm – B Tortendiagramm bzw. Tortendiagramme

4 **a** Es geht um die Farbgestaltung von Markenlogos.
b Die Maßeinheit in Grafik B sind Prozente.
c So könnte deine Beschreibung lauten:
Die Grafik verdeutlicht, welche Farben bei der Gestaltung von Markenlogos am häufigsten eingesetzt werden.
d So könnte deine Erklärung lauten:
Erst durch die Grafik B wird verständlich, dass es nicht nur um Markenlogos in einer einzigen Farbe, sondern auch um Mischungsverhältnisse geht.
e So könnte deine Vermutung lauten:
Da Blau und Schwarz insgesamt am häufigsten verwendet werden, ist es wahrscheinlich, dass sie auch in zweifarbigen Logos am häufigsten auftreten.

5 So könnten deine Tipps lauten:
- Achte unbedingt auf eine grüne Verpackung, denn diese signalisiert, dass der Joghurt gesund und umweltschonend verpackt ist.
- Wichtig ist ein Logo in angesagten Farben. Nutze zum Beispiel Blau oder eine Mischung aus Blau und Schwarz.

Was kannst du schon? – Grammatik

Seite 34

1 A Dieser (8) Daniel (1) Düsentrieb (1) ist (4) ein (2) genialer (3) Erfinder (1).
B Er (6) stellt (4) immer (9) wieder (9) seinen (7) Einfallsreichtum (1) unter (5) Beweis (1).
Hinweis: Für jede richtige Bestimmung der Wortart bekommst du 1 Punkt.
Du kannst also insgesamt 15 Punkte erreichen.

2 **a** Daniel Düsentrieb hat auch eine Familie. **Sein** Vater heißt Dübel Düsentrieb. **Ihm** gehört ein Reparaturgeschäft. **Dieses** nutzen die Entenhausener. **Sie** bringen ihre kaputten Dinge dorthin.
Hinweis: Für jedes richtige eingesetzte Pronomen bekommst du 1 Punkt.
Du kannst also insgesamt 4 Punkte erreichen.
b sein → Genitiv; ihm → Dativ; dieses → Akkusativ; sie → Nominativ
Hinweis: Für jede richtige Bestimmung des Kasus bekommst du 1 Punkt.
Du kannst also insgesamt 4 Punkte erreichen.

3 Nachdem er im Monat zuvor nur einen kurzen Auftritt **bekommen hatte, erhielt** Daniel Düsentrieb im Juni 1952 eine feste Nebenrolle in den Donald-Duck-Comics. Düsentrieb **gehört** noch heute zu den beliebtesten Comicfiguren und **wird** wohl noch viele Generationen von Lesern zum Lachen **bringen.**
Hinweis: Für jede richtig eingesetzte Zeitform bekommst du 1 Punkt. Du kannst also insgesamt 4 Punkte erreichen.

Seite 35

4 Die Comics wurden von Erika Fuchs übersetzt. Der Düsentrieb-Spruch „Dem Ingeniör ist nichts zu schwör" wurde von ihr erfunden.
Hinweis: Für jede richtige Umformulierung ins Passiv bekommst du 2 Punkte.
Du kannst also insgesamt 4 Punkte erreichen.

5 Den Namen Daniel Düsentrieb (AO) verwendet (P) man (S) heute (AZ) im deutschsprachigen Raum (AO) für einen zerstreuten, aber genialen Erfinder (PO).
Hinweis: Für jedes richtig bestimmte Satzglied bekommst du einen Punkt. Du kannst also insgesamt 6 Punkte erreichen.

6 So könnte deine Lösung lauten. Wichtig ist, dass du für die Satzreihe eine nebenordnende Konjunktion und für das Satzgefüge eine unterordnende Konjunktion wählst. Im Nebensatz steht das *gebeugte Verb* am Ende.
Satzreihe: Daniel arbeitet einfach immer, denn seine genialen Erfindungen *lassen* ihm keine Ruhe.
Satzgefüge: Daniel arbeitet einfach immer, weil seine genialen Erfindungen ihm keine Ruhe *lassen*.
Hinweis: Für jede richtige Satzkonstruktion bekommst du einen Punkt. Du kannst also insgesamt 2 Punkte erreichen.

Wortarten wiederholen

Wortarten unterscheiden

Seite 36

1 A Nomen – B Pronomen – C Artikel – D Adjektiv – E Verb – F Konjunktion – G Adverb – H Präposition

Adverbien

Seite 37

1 bereits (Z), wärmstens (AW), nirgends (O), jetzt (Z), heute (Z), umsonst (AW), zuerst (Z), dann (Z), dadurch (G), deshalb (G), sehr (AW), bald (Z)

2 Adverbien der Zeit sind unterschlängelt. Adverbien **des Ortes** sind fett gedruckt. Adverbien *der Art und Weise* sind kursiv gedruckt. Adverbien des Grundes sind unterstrichen.
Unschuldige Hühner müssen auf ihren Ausflügen immer dann um ihr Leben fürchten, wenn die Sicht für Autofahrer schlecht ist, z. B. nachts oder bei dichtem Nebel. *Leider* gab es bei der Bekämpfung dieses Problems bisher *kaum* kluge Ansätze. Wir bieten nun endlich die perfekte Lösung: Warnwesten für Hühner zum *besonders* günstigen Preis von *nur* 17,34 €. Unsere Kunden – die Hühner und somit auch ihre stolzen und besorgten Besitzer – sind **überall** in der Welt zufrieden mit unserem Produkt, denn die Westen sind schick, passen stets wie angegossen und sind *sehr* wirksam. Die knalligen Farben und die seitlich angebrachten Reflexionsstreifen beginnen im Scheinwerferlicht zu funkeln. Dadurch wird auch der müdeste Fahrer munter und kann den Hühnern mit einem kleinen Schlenker ausweichen.

3 Individuelle Lösung

Pronomen

Seite 38

1 a + b **Personalpronomen,** *Possessivpronomen,* Demonstrativpronomen
Eine Spanierin hatte sich zur Besitzerin der Sonne erklärt. Anschließend bot **sie** im Internet *ihre* Grundstücke auf der Sonne an. Als diese (→ ihre Grundstücke auf der Sonne) sich gut verkauften, behielt das Internetportal jedoch das Geld ein. **Es** begründete dies (→ behielt das Internetportal jedoch das Geld ein) damit, dass *unsere* Sonne niemandem gehören könne. Die Frau bestand aber auf *ihrem* Recht. „Die Sonne gehört mir und **ich** darf *mein* Eigentum verkaufen", behauptete **sie** und zog vor Gericht. Dort berief **sie** sich auf den internationalen Weltraumvertrag. Denn in dem (→ internationalen Weltraumvertrag) steht lediglich, dass Staaten keine Himmelskörper besitzen dürfen, von Einzel personen ist gar keine Rede.

2 So oder so ähnlich sollte deine Lösung lauten:
Ich besitze ein Mondgrundstück. **Dieses** ist allerdings sehr einsam gelegen. Gern hätte ich eine gute Nachbarschaft, aber **die** lässt hier auf sich warten. Auch einen Baumarkt und eine Baumschule suche ich vergebens. **Diese** brauche ich für mein Haus und **jene** für meinen Garten. Und einen DSL-Anschluss? **Den** gibt's wohl nur auf der Erde.

3 sie

Die Tempora (Zeitformen) der Verben

Das Präsens und das Futur

Seite 39

1 a Verben im Präsens sind unterstrichen:

Künstliche Elefanten
Jules Verne lebte von 1828 bis 1905 und gilt als bedeutender Science-Fiction-Autor, der viele technische Erfindungen, wie z. B. das U-Boot, in seinen Geschichten vorweggenommen hat. Manche seiner Roman-Erfindungen sind aber auch einfach nur kurios, beispielsweise der stählerne Elefant. Eine Dampfmaschine im Inneren des Elefanten treibt das riesige Tier an und sein Rüssel dient als Schornstein.
In Jules Vernes Geburtsstadt Nantes erwachen in diesen Tagen die Fantasien Jules Vernes in einer Ausstellung zu neuem Leben. Gerade stapft ein riesiger Dampfelefant über das Gelände. In seinem hohlen Inneren und auf seinem Rücken sind 50 begeisterte Besucher unterwegs. Die Veranstalter haben angekündigt, dass sie bis zum Ende des Jahres weitere Attraktionen zeigen.

b **Gegenwärtiges:** erwachen, stapft, sind
Allgemeingültiges: gilt, sind, antreiben, dient
Zukünftiges: zeigen

2 A Ich werde auf jeden Fall mit dem Unterwasserkarussell fahren.
B Wirst du dich dann trauen, mit mir auf der Riesenspinne zu reiten?
C Wir werden zum Mittelpunkt der Erde reisen.

3 So könnte deine Lösung lauten:
Wir reisen im nächsten Sommer zum Mittelpunkt der Erde.

Das Perfekt

Seite 40

1 Die Perfektformen sind unterstrichen:
Interviewer: Hallo, Max! Also, wenn ich das richtig verstehe, bauen Steampunker verrückte Maschinen, die an das Zeitalter der Dampfmaschinen erinnern. Außerdem entwerfen sie schrille Kostüme. Was fasziniert dich denn ganz besonders an dieser Bewegung?
Max: Mich haben vor allem zwei Dinge schon früh begeistert: das Fantastische und das Handwerk mit alten Materialien. Im Steampunk ist dann beides zusammengekommen. Ich habe zum Beispiel eine verrückte Maschine nachgebaut, auf die ich in einem Science-Fiction-Roman gestoßen bin, nur aus Holz, Leder und Zahnrädern. Als meine ersten Maschinen auch noch funktioniert haben, gelaufen sind und Dampf ausgestoßen haben, ist das für mich wie ein Traum gewesen. Seitdem hat die Faszination „Steampunk" mich nicht mehr losgelassen.

2 a Hallo, Max! Also, wenn ich das richtig verstanden habe, haben Steampunker verrückte Maschinen gebaut, die an das Zeitalter der Dampfmaschinen erinnert haben. Außerdem haben sie schrille Kostüme entworfen. Was hat dich denn ganz besonders an dieser Bewegung fasziniert?
b Die Sätze wirken, als ob es Steampunk nicht mehr gibt = Perfekt.
Die Sätze wirken, als ob es Steampunk bis heute gibt = Präsens.

3 **Max:** Steampunk ist für mich ein guter Kontrast zu unserer Alltagskultur. Es hat mich immer gestört, dass ich von so vielen Billigprodukten aus Plastik umgeben bin. Ich habe früher kaum etwas repariert und ständig alles weggeworfen. Beim Steampunk ist es dagegen auch um das Erhalten alter Dinge gegangen. Insofern haben in dieser Bewegung das traditionelle Handwerk und der Respekt vor der Umwelt wieder an Bedeutung gewonnen.

4 So könnte deine Erklärung lauten:
Der Zeitpunkt der Fertigstellung liegt vor dem Zeitpunkt der Präsentation.

Das Präteritum und das Plusquamperfekt

Seite 41

1 a **Präteritum:** strömten, boten, stand, drehten, waren, sahen, blieben, liefen, handelten, zahlten
Plusquamperfekt: hatten ... aufgebaut, hatten ... entworfen, verschafft hatten
b **regelmäßige Verben:** strömten – strömen, drehten – drehen, handelten – handeln, zahlten – zahlen
unregelmäßige Verben: boten – bieten, stand – stehen, waren – sein, sahen – sehen, blieben – bleiben, liefen – laufen

2 Präteritumformen sind unterstrichen, *Plusquamperfektformen* sind kursiv gesetzt.
A 1769 entwickelte James Watt die Dampfmaschine weiter, nachdem schon ca. 80 Jahre zuvor Denis Papin mit einer Art Schnellkochtopf den Vorläufer der Dampfmaschine *erfunden hatte.*
B Nachdem die Dampfmaschine *funktioniert hatte,* ebnete sie den Weg für die Massenproduktion in den Fabriken.

3 ich war gelaufen, ich war geflogen, ich war gesprungen, ich war gekommen, ich war gegangen, ich war geschwommen
→ Verben der Bewegung bilden das Plusquamperfekt meistens mit „sein".

Verben – Aktiv und Passiv

Aktiv und Passiv unterscheiden

Seite 42

1 a + b + c Im folgenden Text sind Formen im Aktiv unterstrichen und **Formen im Passiv** fett gedruckt.
Der Handelnde (der Täter) ist markiert.
Nomburg In der letzten Nacht **wurde** in den obersten Stock des 30 Meter hohen Museumsturms **eingebrochen.** Das große Panoramafenster **wurde** von außen **aufgeschnitten** und eine wertvolle indische Statue **wurde gestohlen.** Clevere Profis führten diese Tat aus. Denn zur Tatzeit hörte niemand verdächtige Geräusche. Auch **wurden** keinerlei Spuren an der Fassade **entdeckt.** Dafür **wurden** auf dem Boden etliche Abdrücke großer Katzentatzen und verkohlte Flecken **gefunden.**
Verübte die Bande „Die Raubkatzen“ den Einbruch? Von ihr **wurden** in letzter Zeit ähnlich spektakuläre Einbrüche **ausgeführt.** Dabei **wurde** am Tatort stets ihr Markenzeichen **hinterlassen,** die Tatzenspuren. Wir halten Sie auf dem Laufenden.

d Diese Tat wurde von cleveren Profis ausgeführt.
Verdächtige Geräusche wurden zur Tatzeit von niemandem gehört.
Wurde der Einbruch von der Bande „Die Raubkatzen“ verübt?
Sie werden auf dem Laufenden gehalten.

Einen Vorgang mit Aktiv- und Passivsätzen beschreiben

Seite 43

1 a
1 **Aktiv:** Man zieht die Raketenstiefel an. **Passiv:** Die Raketenstiefel werden angezogen.
2 **Aktiv:** Man kontrolliert die Funktion der Düsen. **Passiv:** Die Funktion der Düsen wird kontrolliert.
3 **Aktiv:** Man öffnet die Treibstoffventile. **Passiv:** Die Treibstoffventile werden geöffnet.
4 **Aktiv:** Man drückt den Zündschalter. **Passiv:** Der Zündschalter wird gedrückt.
5 **Aktiv:** Man bringt den Körper in eine aufrechte Haltung. **Passiv:** Der Körper wird in eine aufrechte Haltung gebracht.
6 **Aktiv:** Man steuert die Flugrichtung durch die Körperhaltung. **Passiv:** Die Flugrichtung wird durch die Körperhaltung gesteuert.
7 **Aktiv:** Man regelt die Geschwindigkeit mit dem Treibstoffventil. **Passiv:** Die Geschwindigkeit wird mit dem Treibstoffventil geregelt.

b + c In der folgenden Beispiellösung sind Aktivformen unterstrichen, **Passivformen** fett gedruckt, *Adverbien und Konjunktionen* kursiv gedruckt.
Zuerst **werden** die Raketenstiefel **angezogen.** *Dann* kontrolliert man die Funktion der Düsen *und* öffnet das Treibstoffventil. *Anschließend* **wird** der Zündschalter **gedrückt.** *Daraufhin* bringt man den Körper in eine aufrechte Haltung. Die Flugrichtung *schließlich* **wird** durch die Körperhaltung **gesteuert** *und* die Geschwindigkeit **wird** mit dem Treibstoffventil **geregelt.**

Das Passiv in verschiedenen Zeitformen verwenden

Seite 44

1 **a + b + c**

A Der Physiker M. Tolan veröffentlichte ein Buch über die Technik des Raumschiffs. (Präteritum)
Ein Buch über die Technik des Raumschiffs wurde veröffentlicht.

B Zuvor hatten Fans wilde Spekulationen in die Welt gesetzt. (Plusquamperfekt)
Zuvor waren wilde Spekulationen in die Welt gesetzt worden.

C Aber das Buch hat nun viele offene Fragen geklärt. (Perfekt)
Aber nun sind viele Fragen geklärt worden.

D In einer Szene rettet Spock, der erste Offizier, Kapitän Kirk das Leben. (Präsens)
In einer Szene wird Kapitän Kirk das Leben gerettet.

E Seine Raketenschuhe befördern Spock blitzschnell. (Präsens)
Spock wird blitzschnell befördert.

F Spock fasst den abstürzenden Kirk am Bein und stoppt seinen Fall. (Präsens)
Der abstürzende Kirk wird gefasst und sein Fall wird gestoppt.

G Aber ob Spock Kirk auch ganz unverletzt retten wird? (Futur)
Aber ob Kirk auch ganz unverletzt gerettet werden wird?

2 Spock rettet Kirk unbeschadet. Das geht aber gar nicht, erklärt Tolan. Bei Kirks Fallgeschwindigkeit hätte ihn ein plötzlicher Halt zerrissen.

Teste dich! – Aktiv und Passiv

Seite 45

1 **b** Aktivformen sind unterstrichen, **Passivformen** sind fett gedruckt.

Technik in „Stark Trek – Raumschiff Enterprise"
Ob sich die fiktive Technik in der „Star Trek"-Welt mit den physikalischen Gesetzen verträgt, **wurde** von vielen Physikern **untersucht.** Einige Erfindungen **wurden** von ihnen dabei als grundsätzlich machbar **eingeschätzt.** Viele Objekte, die zur Produktionszeit der Serie in den 1960er-Jahren undenkbar waren, gehören heute zu unserem Alltag, z. B. Handys, Touchscreens, Headsets. Aber die meisten technischen Wunderwerke der Serie **werden** bis heute für unrealisierbar **gehalten.** So **wird** zum Beispiel die Fortbewegung mit Überlichtgeschwindigkeit viel **diskutiert:** Raumschiffe überwinden im Film mit Hilfe des Warp-Antriebs interstellare Entfernungen schneller als Licht. In der „Star Trek"-Physik **werden** Licht und andere Wellen um Raumschiffe **herumgeleitet.** So **wird** ein Feld **erzeugt,** das diese unsichtbar macht. Sogenannte Replikatoren erfassen Gegenstände in ihrer Struktur und reproduzieren sie. Damit **werden** viele Dinge des alltäglichen Bedarfs, wie zum Beispiel Lebensmittel, **hergestellt** – die schmecken allerdings nicht so gut wie die Originale. Am spannendsten ist aber wohl das Beamen. Mit dem sogenannten Teleporter verschwinden Gegenstände und Menschen an einer Stelle und tauchen an einer anderen wieder auf. Die Physiker rätseln, ob so etwas jemals erfunden werden wird.
Hinweis: Für jede richtig markierte Verbform bekommst du einen halben Punkt.
Du kannst also insgesamt 10 Punkte erreichen.

c Die Passivform „erfunden werden wird" steht im Futur I. **Hinweis:** Für die richtige Antwort bekommst du 2 Punkte.

d Antwort C ist richtig.
Hinweis: Für die richtige Antwort bekommst du 2 Punkte.

2 In den folgenden Lösungen wird der Handelnde verschwiegen. Es ist aber auch nicht falsch, ihn zu nennen.
A Interstellare Entfernungen werden mit Hilfe des Warp-Antriebs im Film schneller überwunden als Licht.
B Gegenstände werden in ihrer Struktur erfasst und reproduziert.
Hinweis: Für jede korrekte Umformulierung in einen Passivsatz sowie das jeweils richtige Tempus bekommst du 2 Punkte.
Du kannst also insgesamt 4 Punkte erhalten.

3 Sie schätzten einige Erfindungen dabei als grundsätzlich machbar ein.
Hinweis: Für die korrekte Umformulierung in einen Aktivsatz und das richtige Tempus bekommst du 2 Punkte.

Verben – Konjunktiv

Mit dem Konjunktiv II Wünsche ausdrücken

Seite 46

1 a Die Verbformen im Konjunktiv II sind unterstrichen.

Ein cleverer Wunsch?
Ein junger Mann bot seinen beiden Freunden eine Wette an: „Jeder von uns soll einen Wunsch frei haben. Derjenige mit dem größten Wunsch gewinnt." Da sagte der Erste: „Wenn ich einen Wunsch frei hätte, besäße ich gerne 100 Säcke, die voller Goldstücke wären." Der Zweite sagte: „Ich nähme 200-Euro-Scheine, die so viel wögen wie dein gesamtes Gold." Der junge Mann daraufhin: „Ich wäre gerne euer Erbe."

b Mögliche Lösung:
Der Konjunktiv II wird hier verwendet, weil es unwahrscheinlich ist, dass die Wünsche in Erfüllung gehen.

2 Wenn ich einen Wunsch frei hätte,
A könnte ich zaubern.
B flöge ich zum Mond.
C wäre ich Bundespräsident/-in.
D besäße ich einen eigenen Freizeitpark.

3 Bei Satz E ist die Konjunktiv-II-Form (sänge) ungebräuchlich.
Bei Satz F unterscheidet sich der Konjunktiv II (ging) nicht vom Indikativ Präteritum (ging).

Den Konjunktiv I in der indirekten Rede verwenden

Seite 47

1 a Verbformen im Indikativ; **Verbformen im Konjunktiv**

Zwei Betrüger und eine wertvolle Kuh
Ein Bauer kaufte für 100 Taler eine Milchkuh. Als er die Kuh am nächsten Tag beim Rinderzüchter abholen wollte, erklärte dieser scheinheilig, er **müsse** ihm leider **mitteilen,** dass die Kuh letzte Nacht **gestorben sei.** Darauf entgegnete der Bauer erbost, er **erwarte,** dass er sofort sein Geld **zurückbekomme.** Der Züchter erklärte, er **habe** die 100 Taler leider schon **ausgegeben.** Da forderte der Bauer, der Rinderzüchter **solle** ihm wenigstens die tote Kuh **überlassen,** was dieser mit großer Verwunderung tat.

b Die eingesetzten Verbformen sind unterstrichen.
Nach einigen Tagen begegneten sich Bauer und Rinderzüchter erneut. Als der Rinderzüchter ihn vorsichtig nach seinem Befinden fragte, erzählte der Bauer, dass es ihm sehr gut gehe, denn er besäße nun 999 Taler mehr. Er habe nämlich die Kuh für 1000 Taler verlost. Daraufhin entgegnete der Züchter, man könne doch keine tote Kuh verlosen. Der Bauer erklärte, er habe den 1000 Käufern der Lose nicht mitgeteilt, dass die Kuh nicht mehr lebe. Erstaunt fragte der Rinderzüchter, ob sich denn niemand beschwert habe. Darauf entgegnete der Bauer, nur der Gewinner sei verärgert gewesen. Diesem habe er den einen Taler für sein Los zurückgegeben.

Ersatzformen für den Konjunktiv I in der indirekten Rede

Seite 48

1 a **Geld stinkt nicht**
Die Redewendung „Geld stinkt nicht" kommt aus dem alten Rom. Kaiser Vespasian befahl, dass alle Bürger für die Nutzung der öffentlichen Toiletten eine Steuer bezahlen müssten **(Konjunktiv II als Ersatzform).** Sein Sohn erklärte, dass er das als ungerecht empfinde **(Konjunktiv I).** Da hielt der Kaiser seinem Sohn das eingenommene Geld unter die Nase. Er fragte ihn, ob es stinke **(Konjunktiv I).** Schließlich habe **(Konjunktiv I)** er es ja als Toilettensteuer eingenommen. Der Sohn räumte ein, dass sich der Geruch nicht von dem anderer Münzen unterscheide **(Konjunktiv I).** Damit wollte Vespasian seinem Sohn zeigen, dass es egal sei **(Konjunktiv I),** wofür die Bürger die Steuer zahlen würden **(*würde*-Ersatzform).**

b Der Konjunktiv II wurde hier gewählt, weil der Konjunktiv I sich nicht vom Indikativ Präsens unterscheidet („bezahlen müssen" = Indikativ Präsens). Die *würde*-Ersatzform wurde hier gewählt, weil der Konjunktiv II sich nicht vom Indikativ Präteritum unterscheidet („wofür die Bürger die Steuer zahlten" = Präteritum Indikativ).

2 Oma sagt, das koste nur einen Apfel und ein Ei.
Max erklärt, dies sei eine alte bäuerliche Redewendung. Bauern hätten auf ihrem Hof meist sehr viele Äpfel und Eier. Daher würden sie nicht viel kosten, also sprichwörtlich nur einen Apfel und ein Ei.

Teste dich! – Konjunktiv I und Konjunktiv II

Seite 49

1 A Konjunktiv II – B Konjunktiv I – C Konjunktiv I – D *würde*-Ersatzform – E Konjunktiv I
Hinweis: Für jede richtig bestimmte Verbform erhältst du 1 Punkt. Du kannst also insgesamt 5 Punkte erreichen.

2 Die Formen im Konjunktiv sind unterstrichen.
Tom sagt, Nils stehe bei ihm in der Kreide. Er erklärt, Gastwirte würden manchmal die Rechnung ihrer Gäste mit Kreide aufschreiben. Sie müssten diese dann erst am Ende des Monats bezahlen. So lange ständen sie in der Kreide.
Hinweis: Für jede richtige Verbform erhältst du 2 Punkte. Du kannst also insgesamt 8 Punkte erreichen.

3 Wenn ich im Lotto gewinnen würde,
A1 hätte ich nie wieder Geldsorgen. (Auch die *würde*-Form ist korrekt, eleganter ist aber die Konjunktivform.)
B2 würde ich in den Urlaub fahren. (Die Konjunktivform „führen" ist auch korrekt, ist aber nicht so gebräuchlich.)
C2 würde ich einen Teil des Geldes spenden. (Die Konjunktivform „spendete" gleicht der Präteritumsform, deshalb ist hier die *würde*-Form passender.)
D1 müsste ich keine Jobs mehr annehmen. (Auch die *würde*-Form ist korrekt, eleganter ist aber die Konjunktivform.)
Hinweis: Für jede richtige Lösung erhältst du 1 Punkt. Du kannst also insgesamt 4 Punkte erreichen.

Wortbedeutungen untersuchen

Fremdwörter

Seite 50

1 a + b **Mode:** der Jumpsuit: einteiliger Hosenanzug, der Catwalk: Laufsteg, der/das Hoodie: Kapuzenpullover, die Fashionshow: Modenschau
Computer/Medien: der Screenshot: Bildschirmfoto, die Homepage: Internetseite(n) einer Person oder Institution, der Browser: Programm zur Suche im Internet, das Tutorial: Erklärfilm

c Beispiele: **Mode:** T-Shirt: Oberteil aus leichtem Stoff, Top-Model: bekanntes Fotomodell, Zipper: Reißverschluss
Computer/Medien: Clip: kurzer Film, Streaming: Datenübertragung für Musik und Film, Film-Trailer: Kurzwerbung für einen Film mit Filmausschnitten

2 a + b Wissenschaft vom Leben: die Biologie, biologisch
richtige Schreibung: die Orthografie, orthografisch
Wissenschaft vom menschlichen Fühlen und Verhalten: die Psychologie, psychologisch
Zuneigung, Gefühl von Zusammengehörigkeit: die Sympathie, sympathisch

Seite 51

1 a + b Zuordnung der Fachbegriffe zu Oberbegriffen und *ein weiterer passender Fachbegriff (Beispiel)*:
Tempus (Zeitform): Präteritum, Plusquamperfekt, *Präsens*
Wortbaustein: Präfix, Suffix, *Wortstamm*
Satzglied: adverbiale Bestimmung, Objekt, *Subjekt*
Stilmittel: Metapher, Personifikation, *Alliteration*
Kasus: Genitiv, Akkusativ, *Dativ*
Zeichensetzung: Anführungszeichen, Satzschlusszeichen, *Komma*
Wortart: Präposition, Konjunktion, *Verb*
Rechtschreibung: offene Silbe, Doppelkonsonant, *Nominalisierung*
Wortbedeutung: Homonym, Synonym, *Oberbegriff*

2 a Zuordnung der Erklärungen:
der Chat: im Internet angebotenes Medium, um online Informationen auszutauschen
der/das Blog: tagebuchartige Aufzeichnungen zu einem bestimmten Thema auf einer Website
der Podcast: im Internet angebotener (Radio-)Beitrag o. Ä. zum Herunterladen oder Streamen
die Website: Gesamtheit der hinter einer Webadresse stehenden Seiten im World Wide Web
der Link: Verknüpfung mit einer Internetseite, die per Mausklick aktiviert werden kann
kommunizieren: sich verständigen, miteinander sprechen
posten: an Internetforen und Weblogs mit Fragen, Antworten oder Kommentaren teilnehmen

b Beispiele:
der/das Blog: bloggen, der Blogger, die Bloggerin, das/der Weblog
der Podcast: podcasten, das Podcasting, der Videopodcast
die Website: die Sitemap, die Websitebetreiberin, der Websitebetreiber
der Link: verlinken, der Hyperlink, der Weblink
kommunizieren: die Kommunikation, die Kommunikationstechnik
posten: der Post

Satzglieder

Satzglieder wiederholen – Subjekt, Prädikat, Objekte

Seite 52

1 **Blindenführhunde – Hunde mit Jobs**

Blindenführhunde <u>lotsen</u> Menschen durch die Stadt und <u>zeigen</u> ihnen jedes Hindernis.

Für diesen Job <u>haben</u> die Hunde eine spezielle Ausbildung <u>absolviert</u>. Rund 30 Befehle <u>muss</u> ein Blindenhund <u>lernen</u>.

Erst dann <u>kann</u> er sein Frauchen oder Herrchen sicher durch den Alltag <u>führen</u>.

2 Begegnest du einem Blindenführhund (Dativobjekt), solltest du einige Regeln beachten: Den Hund (Akkusativobjekt) bitte nicht ablenken, denn Blindenhunde im Einsatz bedürfen höchster Konzentration (Genitivobjekt). Deshalb sollte man Blindenführhunde (Akkusativobjekt) auch nicht streicheln. Wenn du selbst mit einem Hund unterwegs bist, solltest du Abstand halten, denn Blindenhunde dürfen während ihrer Arbeit keinen Kontakt (Akkusativobjekt) zu anderen Tieren oder Menschen aufnehmen. Nimm deinen eigenen Hund (Akkusativobjekt) deshalb an die Leine und halte genügend Abstand (Akkusativobjekt) ein.

Seite 53

3 **Der Toaster – eine geniale Erfindung**
Jeden Morgen riecht es nach frischem Toast (Wonach?). Schon beim Anziehen freue ich mich auf mein warmes, knuspriges Brot (Worauf?). Seit wir einen Toaster haben, denke ich morgens gar nicht mehr an eine weitere Stunde Schlaf (Woran?). Ich danke Frank Shailor, der 1908 dieses Brotröstgerät erfand, für seine geniale Erfindung (Wofür?).

4 S = Subjekt, A = Akkusativobjekt, D = Dativobjekt, G= Genitivobjekt, PO = Präpositionalobjekt.

Zipp und zu – die Erfindung des Reißverschlusses
Wir benutzen ihn (AO) täglich und schenken ihm (DO) doch erst unsere Aufmerksamkeit (AO), wenn er klemmt. Vor über 125 Jahren erfand Whitcomb Judson den Reißverschluss (AO). Damals konnte er leider niemanden von seiner genialen Erfindung (PO) überzeugen. Zu oft klemmten die Verschlüsse (AO) und die Menschen konnten sich deshalb ihrer Schuhe (GO) nicht mehr entledigen. Erst 1907 entwickelte ein Schwede namens Gideon Sunbäck (S) den Reißverschluss (AO) so weiter, dass er praktikabel war.

5 Die verschiedenen Objekte sind unterschiedlich unterstrichen.
Bevor der Reißverschluss seinen Siegeszug antreten konnte, wurden Kleidungsstücke mit Schnüren und Knöpfen zusammengehalten, was vielen heute sehr lästig wäre.

Satzglieder wiederholen – Adverbiale Bestimmungen

Seite 54

1 Adverbiale Bestimmung
– der Zeit: g, e, n, i, a, l – des Ortes: e, e, r, f, i – des Grundes: n, d – der Art und Weise: u, n, g
→ Lösungswörter: Geniale Erfindung

Seite 55

2 „Flüssiges Papier" gibt es **noch heute.** Wetten, dass ihr es kennt? Die Korrekturflüssigkeit wird **auch noch im 21. Jahrhundert in kleinen Fläschchen** abgepackt. Und der Pinsel, mit dem die Flüssigkeit **auf das Papier** aufgetragen wird, ist **in der Verschlusskappe** befestigt. Bestimmt habt ihr diese kleinen Fläschchen schon gesehen. Wer seine Texte **am Computer** schreibt, kann Fehler **mit der Korrekturtaste** korrigieren. Und du? Wie korrigierst du deine Fehler?

3 **a + b** adverbiale Bestimmung der Zeit; adverbiale Bestimmung des Ortes; adverbiale Bestimmung des Grundes
Mary Anderson wurde am 10. November 1903 im Bundesstaat Alabama (USA) aufgrund der Erfindung des Scheibenwischers ein Patent erteilt.

4 Zum Beispiel: adverbiale Bestimmung der Zeit; adverbiale Bestimmung des Ortes; adverbiale Bestimmung der Art und Weise
Anfang Oktober wartet die Presse in der Akademie der Wissenschaften voller Ungeduld auf die Verkündung des Nobelpreises.

Nebensätze unterscheiden – Adverbialsätze

Information Adverbialsätze

Je nach Funktion im Satz unterscheidet man unterschiedliche Arten von Nebensätzen. Adverbialsätze nehmen im Satz die Stelle einer **adverbialen Bestimmung** (Satzglied) ein, z. B.:

Vor dem Experiment besorgt man alle Materialien.
adverbiale Bestimmung ↓

Bevor man das Experiment durchführt, besorgt man alle Materialien.
Adverbialsatz (mit einleitender Konjunktion *bevor*)

Adverbialsätze sind Nebensätze, die über die Umstände eines Geschehens informieren. Sie werden mit einer unterordnenden **Konjunktion** eingeleitet. Als Nebensätze können sie nicht ohne Hauptsatz stehen und werden **immer** durch ein **Komma** von diesem abgetrennt. Wie die adverbialen Bestimmungen können auch die Adverbialsätze mit Hilfe der **Frageprobe** näher bestimmt werden:

Adverbialsatz	Frageprobe	Konjunktionen	Beispiel
Temporalsatz (Zeit)	Wann …? Wie lange …?	*nachdem, als, bevor, während, sobald …*	***Nachdem** wir alle Materialien besorgt haben, geht es los.*
Kausalsatz (Grund)	Warum …?	*weil, da*	*Die Versuchsanleitung ist wichtig, **weil** sie alles genau beschreibt.*
Konditionalsatz (Bedingung)	Unter welcher Bedingung …?	*wenn, falls, sofern*	***Wenn** man experimentiert, kann man tolle Erfahrungen machen.*
Konsekutivsatz (Folge)	Mit welcher Folge …?	*sodass (auch: so … dass)*	*Man sollte den Versuch genau beobachten, **sodass** einem nichts entgeht.*
Finalsatz (Absicht, Zweck)	Wozu …?	*damit*	*Man sollte die Anleitung genau lesen, **damit** nichts schiefläuft.*
Modalsatz (Art und Weise)	Wie …?	*indem, wie, als (ob), dadurch, dass … ohne dass …*	*Das Experiment wird vorbereitet, **indem** man das Material besorgt.*
Konzessivsatz (Einräumung)	Trotz welcher Umstände …?	*obwohl, obgleich, obschon, auch wenn*	***Obwohl** es ungefährlich ist, sollte man vorsichtig sein.*

1 **a** **Wie funktioniert der folgende Versuch? Setze in den Text die Konjunktionen aus dem Kasten richtig ein.**
b **Markiere die Adverbialsätze im Text.**

nachdem • weil • bis • ~~damit~~ • sodass

Das Kraft-Ei

Umwickle die Mitte von zwei hart gekochten Eiern mit Klebeband, damit die Schalen beim Durchschneiden nicht kaputtgehen. __________ du die Eier in der Mitte durchgeschnitten hast, löffelst du sie leer. Dann legst du die vier halben Eierschalen mit der Öffnung nach unten auf den Tisch, __________ du Bücher darauf stapeln kannst. Du kannst eine ganze Menge Bücher stapeln, __________ die Eier zerbrechen. Erklärung: Die gewölbte Form macht die Eierschalen sehr stabil, __________ sich das Gewicht auf der gesamten Fläche verteilt.

2 a **Markiere in den folgenden Sätzen die Adverbialsätze und umkreise die Konjunktion.**
b **Bestimme mit Hilfe der Frageprobe, um welche Art von Adverbialsatz (▶ S. 61) es sich handelt.**

Das Gummi-Ei

A Wenn du ein rohes Ei in ein Glas mit Essig legst, bilden sich auf der Eierschale bald kleine Bläschen.

Frage: Unter welcher Bedingung?

Art des Adverbialsatzes: ________

B Nachdem das Ei mehrere Stunden im Essig gelegen hat, kannst du es zusammendrücken und verformen.

Frage: ________

Art des Adverbialsatzes: ________

C Wenn du das Ei gegen das Licht hältst, kannst du sogar in der Mitte den Eidotter erkennen.

Frage: ________

Art des Adverbialsatzes: ________

3 **Wandle die markierten adverbialen Bestimmungen jeweils in einen Adverbialsatz um. Achte auf die Kommas und nutze die folgenden Konjunktionen:** ***weil, während, nachdem.***

D Wegen des hohen Kalkgehalts der Eierschale kann die Essigsäure sie auflösen.

Weil die Eierschale

E Beim Zersetzen des Kalks durch die Essigsäure entstehen Bläschen aus Kohlendioxid.

F Nach dem vollständigen Auflösen der Eierschale kann man das Ei zusammendrücken.

4 **a** **Beschreibe den Versuch „Eier-Kreisel". Verknüpfe hierzu die Satzpaare zu Satzgefügen mit Adverbialsätzen. Du kannst die folgenden Konjunktionen nutzen: *sodass, wenn, nachdem*.**
b **Markiere die Konjunktionen, die die Adverbialsätze einleiten, und bestimme die Art des Adverbialsatzes.**

Der Eier-Kreisel

A Du möchtest ein rohes Ei von einem gekochten Ei unterscheiden. Das folgende Experiment hilft dir.

Wenn du ein rohes Ei von einem gekochten Ei unterscheiden willst, hilft dir das folgende Experiment. (Konditionalsatz)

B Drehe das Ei auf einer glatten Fläche. Es dreht sich wie ein Kreisel um sich selbst.

C Tippe mit dem Zeigefinger kurz von oben auf das Ei. Es kommt zum Stehen.

D Du hast das Ei losgelassen. Du beobachtest das Ergebnis.

E Das Ei setzt seine Drehbewegung nach dem Anhalten fort. Es ist roh.

Versuchserklärung: Obwohl das Ei gestoppt wird, dreht sich die Flüssigkeit im rohen Ei weiter, sodass sich das Ei nach dem Loslassen wieder in Bewegung setzt.

5 **Forme die eine adverbiale Bestimmung aus dem Satz oben in einen Adverbialsatz um. Schreibe den ganzen Satz in dein Heft. Zeichne anschließend einen Satzbauplan (▸ S. 59) zu diesem Satz.**

Temporalsätze – Adverbialsätze der Zeit

Information **Temporalsätze: Adverbialsätze der Zeit**

Temporalsätze sind Adverbialsätze, die ein **Zeitverhältnis** ausdrücken. Sie werden z. B. durch Konjunktionen wie *während, solange, nachdem, wenn, bevor, als, sobald, ehe* eingeleitet. Temporalsätze geben an, wann sich das Geschehen im Verhältnis zum Geschehen im Hauptsatz vollzieht. Dabei unterscheidet man **Vorzeitigkeit, Gleichzeitigkeit und Nachzeitigkeit.**

Hauptsatz: *Max führt das Experiment durch, …*

… <u>bevor</u> er die Versuchserklärung notiert.	*… <u>während</u> er sich mit Paul unterhält.*	*…. <u>nachdem</u> er das Material zusammengesucht hat.*
Vorzeitigkeit: Das Ereignis im Temporalsatz liegt **vor** dem Ereignis im Hauptsatz.	**Gleichzeitigkeit:** Das Ereignis im Temporalsatz verläuft **gleichzeitig** mit dem Ereignis im Hauptsatz.	**Nachzeitigkeit:** Das Ereignis im Temporalsatz liegt **nach** dem Ereignis im Hauptsatz.

1 **Passiert das Geschehen im Temporalsatz vor, während oder nach dem Geschehen im Hauptsatz? Markiere die Temporalsätze in verschiedenen Farben und umkreise die Konjunktionen: Vorzeitigkeit = rot, Gleichzeitigkeit = blau, Nachzeitigkeit = grün.**

Bohnen mit Sprengkraft

Bevor du das Experiment durchführst, solltest du die Materialien zusammensuchen: eine Tüte Gips, Wasser, einen durchsichtigen Plastikbecher, eine Rührschüssel, zehn getrocknete Mungbohnen.

Nachdem du den Gips mit Wasser angerührt hast, schüttest du die Bohnen in den flüssigen Gips. Sobald die Bohnen gut untergerührt sind, gießt du den Gips mit den Bohnen in einen Plastikbecher. Jetzt musst du dich ein paar Tage gedulden, während der Gips im Plastikbecher trocknet. Lange musst du allerdings nicht warten, bis die Bohnen ihre Sprengkraft entfalten!

2 **Vorzeitig, gleichzeitig oder nachzeitig? Setze in den folgenden Text passende Konjunktionen aus dem Wortspeicher ein. Beachte dabei auch die Zeitformen der Verben.**

während • solange • bis • sobald

Warum hat es gekracht?

Bohnensamen können nicht keimen, __________ sie nicht mit Wasser in Berührung kommen. __________ die Bohnen aber in die feuchte Gipsmasse gerührt werden, entziehen sie dem Gips Wasser. __________ sie mehr und mehr Wasser aufnehmen, werden sie immer größer und praller, __________ sie schließlich aufbrechen. Weil die Bohnen quellen und keimen, entsteht ein sehr großer Druck, sodass der Gips und der Plastikbecher gesprengt werden.

Nebensätze unterscheiden – Subjekt- und Objektsätze

Information **Nebensätze unterscheiden: Subjektsätze und Objektsätze**

Subjektsätze und Objektsätze sind Nebensätze, die die **Rolle des Subjekts bzw. des Objekts** für den Hauptsatz übernehmen. Sie lassen sich wie das Subjekt (wer oder was?) oder das Objekt (wen oder was?) mit Hilfe der Frageprobe ermitteln.

Subjektsatz: Das Subjekt eines Satzes kann von einem Nebensatz gebildet werden, z. B.:
Das interessante Experiment erfreut Max. → *Dass das Experiment interessant ist, erfreut Max.*
Satz mit einfachem Subjekt (Wer oder was?) — Satzgefüge mit Subjektsatz (Wer oder was?)

Objektsatz: Das Objekt eines Satzes kann von einem Nebensatz gebildet werden:
Sophia erklärt das Experiment. → *Sophia erklärt, wie das Experiment funktioniert.*
Satz mit einfachem Objekt (Wen oder was?) — Satzgefüge mit Objektsatz (Wen oder was?)

1 a Unterstreiche in den folgenden Satzgefügen die Nebensätze.
b Prüfe mit Hilfe der Frageprobe jeweils, ob es sich um einen Subjekt- oder um einen Objektsatz handelt. Notiere die Frage und kreuze das richtige Kästchen an.

Das Bohnen-Labyrinth

	Subjektsatz	Objektsatz
A Wie du aus einem Pappkarton ein Labyrinth baust, siehst du auf der Abbildung.	☐	☐
Frage: Wen oder was siehst du auf der Abbildung?		
B Zuerst ist wichtig, dass du aus einer Bohne einen Sprössling züchtest.	☐	☐
Frage:		
C In der Abbildung siehst du, wo du den Bohnensprössling positionieren solltest.	☐	☐
Frage:		
D In den nächsten Tagen ist entscheidend, dass du die Pflanze regelmäßig gießt.	☐	☐
Frage:		
E Wie die Pflanze ihren Weg ans Licht gefunden hat, siehst du nach ca. zwei Wochen.	☐	☐
Frage:		

2 Formuliere den folgenden Satz in ein Satzgefüge mit Objektsatz um.

Das Wachsen der Pflanzen zur Lichtquelle nennt man Phototropismus.

Adverbialsätze

1 a Markiere im folgenden Text alle Adverbialsätze. (4 Punkte)

A Wenn du dir einen Flaschendschungel bauen möchtest, benötigst du ein großes Gurkenglas, zerkleinerte Holzkohle, Kieselsteine, Waldboden und Pflanzen aus dem Wald.
B Nachdem du das Glas gereinigt hast, bedeckst du den Boden mit einer Schicht Holzkohle.
C Diese ist wichtig, damit sich im Glas kein Schimmel bildet.
D Dann füllst du die Kieselsteine ein, weil dadurch überflüssiges Wasser abfließen kann.

b Bestimme die Art der Adverbialsätze. Trage die Buchstaben in die Kästchen ein. (4 Punkte)

☐ **Kausalsatz** (Grund)
☐ **Konditionalsatz** (Bedingung)
☐ **Finalsatz** (Absicht, Zweck)
☐ **Temporalsatz** (Zeit)

2 Wandle die markierten adverbialen Bestimmungen jeweils in einen Adverbialsatz um. Setze die Kommas. Nutze die folgenden Konjunktionen: *nachdem, bevor.* (4 Punkte)

Nach dem Einfüllen des Waldbodens setzt du kleine Pflanzen und Moose in die Flasche.

Vor dem Verschließen des Glases musst du die Pflanzen noch vorsichtig wässern.

3 Verbinde die Sätze zu einem Satzgefüge mit Adverbialsatz. (2 Punkte)

Der Pflanzendschungel versorgt sich an einem hellen Ort selbst. Er bildet ein eigenes Ökosystem.

Überprüfe deine Ergebnisse mit dem Lösungsheft. Für jede richtige Antwort bekommst du einen Punkt.

☺ 14–11 Punkte	😐 10–7 Punkte	☹ 6–0 Punkte
Gut gemacht!	Gar nicht schlecht, aber lies dir die Merkkästen auf den Seiten 58–65 noch einmal genau durch.	Arbeite die Seiten 58–66 noch einmal genau durch.

Rechtschreibung

Was kannst du schon?

1 a Lauter knifflige Fälle! Lies, worum es in den Wörterreihen A–E geht, und trage dann die fehlenden Buchstaben ein. (20 Punkte) ☐

b Notiere in den Kästchen hinter den Fragen, welche Strategie hauptsächlich hilft:
A = Ableiten; S = auf die erste Silbe achten; V = Verlängern. (5 Punkte) ☐

A *b* oder *p*? *d* oder *t*? *g* oder *k*? ☐ Betru___ • schlan___ • trü___ • Stran___

B *e* oder *ä*? *eu* oder *äu*? ☐ gl___nzen • t___er • k___flich • Sch___re

C *s, ss* oder *ß*? ☐ Stra___e • Glä___er • Me___er • Wie___e

D *i* oder *ie*? ☐ R___gel • Spr___nter • s___ben • R___nde

E **Muss der Konsonant verdoppelt werden oder nicht?** Falls ja, trage ihn ein. ☐

Ku (m)___er • Ma (l) ___er • bi (t)___en • ho(f)___en

2 In diesem Text müssen noch 17 Wörter großgeschrieben werden. Unterstreiche sie. (17 Punkte) ☐

Paul, 6 jahre alt, will den kegelpokal gewinnen und Frau Müller, fast 90, weiß genau, wie das geht. Beim kegeln sind sie ein unschlagbares team. Im „haus für jedes alter" verbringen kinder und alte ihren tag unter demselben dach. Das haus vereint kindertagesstätte und seniorenheim. Mut zum experimentieren und lust am improvisieren sind hier das wichtigste.

3 a Setze die fehlenden Kommas. (9 Punkte) ☐

b Entscheide: *das* oder *dass*?
Streiche das falsche Wort durch. (5 Punkte) ☐

Das Sportfest das/dass Samstag stattgefunden hat war ein solcher Erfolg das/dass klar ist das/dass es noch in diesem Schuljahr wiederholt wird. „Schülerinnen und Schüler Lehrkräfte und Eltern haben gezeigt das/dass sie ein Team sind das/dass prima kooperiert" schwärmt die Schulleiterin. „Weil es so viele gute Ideen gab ist ein richtig buntes Programm entstanden!"

4 a Überprüfe deine Lösungen mit Hilfe des Lösungsheftes. Notiere deine Punktzahl neben den Aufgaben.

b Trage unten ein, wie du die Aufgaben bewältigt hast: ✓ das meiste richtig ? = noch etwas unsicher.

Aufgabe	1 ☐	2 ☐	3 ☐	4 ☐
weitere Übungen	Seite 68–77	Seite 81–86	Seite 76, 93	Seite 81–97

Strategien zum Rechtschreiben

Schwingen – Auf die erste Silbe achten

Methode **Wörter schwingen**

Schwingen bedeutet, Wörter **deutlich in Silben** zu **sprechen.** Das hilft dir dabei, die Wörter richtig zu schreiben.
Vor dem Schreiben sprichst du die Wörter deutlich in Silben. Zeichne dabei in Gedanken Silbenbögen in die Luft.
Beim Schreiben sprichst du die Silben leise mit. Sprich nicht schneller, als du schreibst.
Nach dem Schreiben prüfst du, ob du richtig geschrieben hast. Zeichne dazu Silbenbögen unter jede Silbe und sprich dabei leise mit, z. B.: *Bo den tur nen*.

1 Schreibe die Bezeichnungen der Yoga-Übungen mit Silbenbögen unter das passende Bild.

A

B
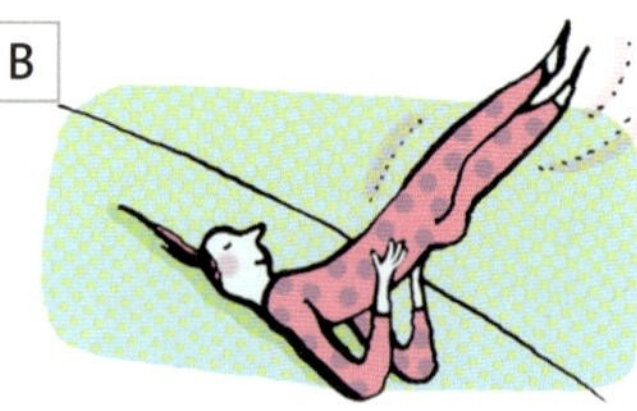

Planetengruß •
Lotusblume •
Heldenhaltung •
Schulterstand •
Vorbeugesitz

C
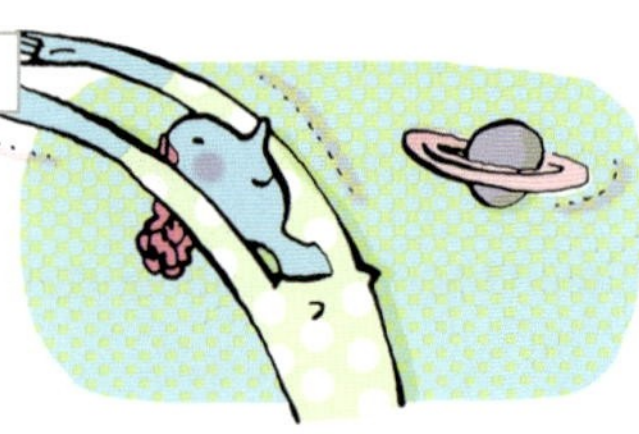

D

E
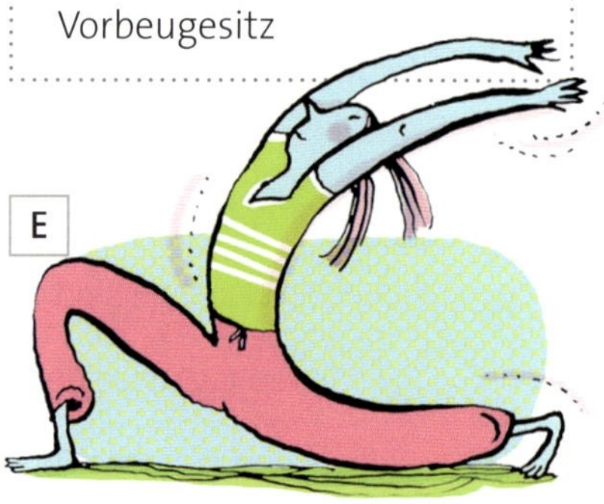

2 In dem Wortgitter verstecken sich acht Wörter, die du schwingen kannst. Umkreise sie und schreibe sie anschließend mit Silbenbögen in dein Heft.

A	K	Z	S	C	H	N	E	I	D	E	R	S	I	T	Z	B	L	W
F	N	G	H	Y	R	P	S	N	T	M	E	U	R	S	H	G	A	A
L	I	E	G	E	S	T	U	E	T	Z	Z	F	G	P	R	E	I	D
B	E	Q	B	C	S	E	D	C	N	O	M	V	X	T	E	L	L	E
O	B	A	U	C	H	M	U	S	K	U	L	A	T	U	R	E	T	N
E	E	X	Q	J	D	A	W	U	W	U	K	U	I	R	C	N	J	B
R	U	M	P	T	D	R	A	H	E	N	E	F	Q	N	K	K	Y	E
I	G	P	O	U	W	G	N	V	E	V	M	W	H	E	J	I	K	I
D	E	T	W	O	H	L	B	E	F	I	N	D	E	N	L	G	U	N

3 Bilde aus den Silben drei lange Wörter. Schreibe sie mit Silbenbögen auf.
TIPP: Beachte die Farben.

herr ung dung schung be treu ter sport kör be kin win per der be klei

Methode **Auf die erste Silbe achten**

Achte bei unklaren Lauten darauf, ob **die erste Silbe offen oder geschlossen** ist:

erste Silbe

offen	geschlossen
erste Silbe endet mit einem Vokal *(a, e, i, o, u)*, einem Umlaut *(ä, ö, ü)* oder einem Diphthong *(au, äu, ei, eu)*	erste Silbe endet mit einem Konsonanten ↓ **Doppelkonsonanten** (auch ***ck*** und ***tz***): *Be**tt**en, e**ss**en, De**ck**e, Ta**tz**e*
↓ ***s* oder *ß*:** ■ ***s*** bei summendem *s*, z. B.: *lei**s**e* ■ ***ß*** bei zischendem *s*, z. B.: *flie**ß**en*	↓ ***ss:*** *lassen, Flüsse, Pässe*
↓ ***ie:*** *l**ie**ben, fl**ie**gen, kr**ie**gen*	↓ ***i:*** *K**i**nder, S**i**lbe, F**i**nger*

TIPP: Um diese Strategie zu nutzen, musst du einsilbige Wörter **verlängern.**

4 **a** **Untersuche die erste Silbe der Wörter. Kreuze an, wie die Silbe endet.**
b **Notiere in der letzten Spalte, ob es sich um eine offene oder geschlossene erste Silbe handelt.**

	Die erste Silbe endet mit einem ... Vokal	Umlaut	Diphthong	Konsonanten	Die erste Silbe ist ...
Flag ge	☐	☐	☐	☐	____________
drau ßen	☐	☐	☐	☐	____________
bis sig	☐	☐	☐	☐	____________
bü ßen	☐	☐	☐	☐	____________

5 **Bilde mit Hilfe der Nomen zusammengesetzte Wörter, die den Beschreibungen A–D entsprechen. Dabei geht es immer um die erste Silbe!**
TIPP: Achte auf die Farben.

SIEGER KINDER KRÄFTE JUGEND FÜßE TRAINER TREPPE MESSEN

A 1. Wort: Silbe offen – 2. Wort: Silbe geschlossen: ____________

B 1. Wort: Silbe offen – 2. Wort: Silbe offen: ____________

C 1. Wort: Silbe geschlossen – 2. Wort: Silbe geschlossen: ____________

D 1. Wort: Silbe geschlossen – 2. Wort: Silbe offen: ____________

6 **Notiere im Heft weitere Wörter, die zu den Beschreibungen in Aufgabe 5 passen.**

Verlängern und zerlegen

Methode **Wörter verlängern und zerlegen**

Am Wortende kann man die Buchstaben *b/p, d/t, g/k* leicht verwechseln. Wenn du die Wörter **verlängerst,** kannst du **beim Schwingen hören,** wie sie geschrieben werden. Du kannst die Wörter zum Beispiel verlängern, indem du:

- **Nomen in den Plural** oder in einen anderen Fall setzt, z. B.: *der Tag – die Ta ge – den Tagen.*
- **Adjektive steigerst** oder in einen Fall setzt, z. B.: *weit – wei ter – der wei te Weg.*
- **zu Verben den Infinitiv** oder eine Personalform **bildest,** z. B.: *er trägt – tra gen – sie tra gen*.

Unklare Laute in **zusammengesetzten Wörtern** kannst du klären, indem du die Wörter zuerst **zerlegst** und dann **verlängerst,** z. B.: *Stab | hochsprung* **–** *Stä be, Korb | ball – Kör be.*

1 **a** Trage in die Lücken links jeweils eine Verlängerung des Wortes rechts ein.
b Ergänze dann rechts jeweils den fehlenden Buchstaben.

Viele denken an nichts lieber ______ als	lieb ______
an die nächsten ______ in Übersee.	Urlau ______
Es gibt jedoch ziemlich ______	gu ______
______ dafür, in den Ferien zu Hause zu bleiben.	Grun ______
Man muss z. B. keine ______ besteigen.	Ber ______
Danach habe ich immer ______ Füße.	wun ______
Und für die Umwelt sind ______	Ausflu ______
mit den ______ ohnehin viel besser.	Ra ______

2 Zerlege und verlängere die Wörter im Kopf und notiere dann dein Ergebnis auf den Zeilen.

Lo(b/p)gesan(g/k): ______

Hu(b/p)konzer(d/t): ______

Brei(d/t)ban(d/t)kabel: ______

Blin(g/k)lich(d/t)anlage: ______

⊕ **3** Zerlege und verlängere die folgenden Wörter und schreibe sie richtig auf.

Ferti(g/k)tei(g/k)mischun(g/k): ______

Lie(b/p)lin(g/k)shem(d/t): ______

Ableiten – Wörter mit *ä* und *äu*

Methode **Wörter mit *e* oder *ä*, *eu* oder *äu***

Wenn du unsicher bist, ob du ein Wort mit *e* oder *ä*, *eu* oder *äu* schreiben musst, hilft dir die **Ableitungsprobe.**

- Normalerweise schreibst du ***e*** oder ***eu,*** z. B.: *die Kette, Leute.*
- Gibt es verwandte Wörter mit ***a*** oder ***au,*** schreibst du ***ä*** oder ***äu,*** z. B.: *schäumen – Schaum.*
- Bei einigen Wörtern ist die Verwandtschaft mit einem Wort mit *a* oder *au* heute nicht mehr (leicht) zu erkennen. Diese Wörter sind ***Merkwörter,*** z. B.: *Käfig, Mädchen, Träne, während, nämlich, ärgern, Bär, Käfer, fähig.*

1 **Überprüfe die Schreibung aller markierten Wörter mit Hilfe der Ableitungsprobe. Gehe so vor:**
– Setze ein Häkchen an richtig geschriebene Wörter.
– Unterstreiche falsch geschriebene Wörter blau. Notiere dann in der rechten Spalte entweder ein verwandtes Wort mit *a* oder *au* oder ziehe einen Strich ––, wenn es kein verwandtes Wort gibt.

	Verwandtes Wort mit *a* oder *au*?
A Egal, ob Hürdenleufer, Eistänzerin oder Boxer:	laufen
B Alle, die täglich ihre Zeit und ihre Krefte für den	
C Sport einsetzen, treumen davon, einmal an olym-	
D pischen Wettkämpfen teilzunehmen. Tatsechlich	
E gibt es däutlich mehr Leute, die mit zu den	
F Spielen reisen, als man denkt: Fräundliche	
G Helfer und verlessliche Helferinnen für viele	
H Tetigkeiten sind ebenfalls dabei und freuen sich,	
I dank Olympia fremde Stedte zu entdecken.	

2 **In dem Gymnastikband verstecken sich Wörter mit *e* und *eu*, mit *ä* und *äu*.**
Ergänze die Wörter und schreibe sie richtig in dein Heft. Achte auch auf die Groß- und Kleinschreibung.
TIPP: Jeweils drei aufeinanderfolgende Wörter ergeben einen kurzen Satz.

Strategien zum Rechtschreiben

1 **Ergänze das Schaubild zur Silbenstrategie mit dem Material aus den drei Kästen. (23 Punkte)**
TIPP: Achte auf die Farben der Kästen und der Lücken.

Wörter zum Eintragen:
zischendem • verlängern • offen • Konsonanten • zerlegen • Umlaut • einen • einsilbige • verdoppelt • geschlossen

Beispiele zum Eintragen:
Giebel • Rose • Füße • finden • rennen • Tinte • verschlissen • schieben • Grashalm → Gräser

Buchstaben zum Eintragen:
a • e • i • o • u • au • äu • ei • eu

erste Silbe

offen

erste Silbe endet mit Vokal (__________), ______ *(ä, ö, ü)*, Diphthong (__________)

↓

Ein **Konsonant** wird nie __________, wenn die erste Silbe __________ ist, z. B. *leben, müde, träumen.*

↓

s* oder *ß
– *s* bei summendem *s*, z. B. __________
– *ß* bei __________ *s*, z. B. __________

↓

ie
nur, wenn die erste Silbe offen ist, z. B. __________
__________, __________

geschlossen

erste Silbe endet mit einem __________
____

↓

Doppelkonsonanten schreibst du nur, wenn die erste Silbe __________ ist und du nur __________ Konsonanten hörst.
z. B. *die Klammer;* __________.

↓

ss
nur, wenn die erste Silbe geschlossen ist,
z. B. *Kasse,* __________

↓

i
fast nur, wenn die erste Silbe geschlossen ist, z. B.
__________, __________

Um die Silbenstrategie anwenden zu können, musst du

– __________ Wörter __________, z. B. *der Pass → Pässe; das Spiel → Spiele,*
– und zusammengesetzte Wörter __________, z. B. __________.

Vergleiche deine Ergebnisse mit dem Lösungsheft. Für jede richtige Antwort bekommst du einen Punkt.

☺ 23–19 Punkte	😐 17–12 Punkte	☹ 11–0 Punkte
Gut gemacht!	Gar nicht schlecht, aber lies dir die Merkkästen auf den Seiten 68–70 noch einmal genau durch.	Arbeite die Seiten 68–70 noch einmal genau durch.

Regeln zum Rechtschreiben

Doppelkonsonanten

Information **Doppelkonsonanten sowie *ck* und *tz***

Doppelkonsonanten schreibst du nur, wenn die erste Silbe geschlossen ist, z. B.: *Bal ken, Bar ren.*
- Stehen an der Silbengrenze zwei verschiedene Konsonanten, verdoppelst du nicht, z. B.: *Tur ner, Kin der, war nen.*
- Hörst du bei geschlossener Silbe nur einen Konsonanten, wird dieser doppelt geschrieben, z. B.: *klet tern, schwim men, Tref fer.*

Um diese Regeln anzuwenden, musst du Einsilber verlängern, z. B.: *Wurf* → *Wür fe, Ball* → *Bäl le.*
Beachte: Statt *kk* schreibt man ***ck,*** statt *zz* schreibt man ***tz.***

1 Sprich die unterstrichenen Wörter im folgenden Text deutlich in Silben und ordne sie in die Tabelle ein.

Die goldene Mitte

„Da hast du ins Schwarze getroffen!" Diese Redewendung ist davon abgeleitet, dass bei vielen Zielscheiben die Mitte schwarz ist. Nicht so beim Bogenschießen! Hier hat jede Zielscheibe fünf farbige Bereiche, die in je zwei Ringe unterteilt sind. Und der goldene Kreis im Zentrum bringt die meisten Punkte! Je weiter innen die Schüsse ankommen, desto besser das Ergebnis.

zwei verschiedene Konsonanten an der Silbengrenze	Doppelkonsonanten an der Silbengrenze
Schwarze,	

2 Vor dem entscheidenden Spiel feuern die Spielerinnen sich gegenseitig an.
Schreibe einen oder zwei Konsonanten in die Lücken. TIPP: Verlängere Einsilber.

Lisa: „Jeder Schu____(s) ein Tre____(f) er! Und am____(n)de gewi____(n)en wir!"

Mia: „Deren Ne____(z) soll za____(p) eln und wa____(k) eln!"

Ajda: „Die E____(k) bä____(l) schießt Mia, E____(l)fmeter schieße ich!"

3 Ordne die Wörter der richtigen Zeile zu und ergänze entsprechend *z* oder *zz*.

z nach offener Silbe: ____

z bei geschlossener Silbe mit einem anderen Konsonanten: ____

zz bei Fremdwörtern: ____

du ? en •
Pi ? a •
win ? ig •
Schnau ? e •
pur ? eln •
Ski ? e •
Wei ? en •
Bre ? el

s-Laute

Information **Wörter mit *s*-Laut**

Das folgende Schaubild zeigt dir, wann du ***s*, *ß*** und ***ss*** schreiben musst.

erste Silbe

offen

geschlossen

summendes *s*
schreibe ***s*,** z. B.:
rei sen, Mu sik

zischendes *s*
schreibe ***ß*,** z. B.:
Grü ße, gie ßen

schreibe ***ss*,** z. B.:
es sen, Ris se

Um diese Regeln für den *s*-Laut anzuwenden, musst du **Einsilber verlängern.**

1 **Bearbeite den folgenden Text in drei Runden.**

a **Erste Runde: Sprich die gelb markierten Wörter in Silben und fülle die Lücken mit *s*, *ß* oder *ss*.**
TIPP: Achte darauf, ob die erste Silbe offen oder geschlossen ist. Ist sie offen, entscheide noch, ob du den *s*-Laut am Anfang der zweiten Silbe summend oder zischend sprichst.

Sportereignisse im Freien

Marathonläufe finden immer drau___en und meist in Gro(*s*/*ss*/*ß*)städten statt. Hier me___en sich Amateure mit Profis. Tau___ende stellen sich die___er rie___igen Herausforderung. Übrigens geht das Streckenma ? von 42,195 km angeblich auf die Antike zurück. Freiwa___errennen werden in Seen, Flü___en und Meeren ausgetragen. Beim Neujahrsschwimmen in ei(*s*/*ss*/*ß*)kalten Fluten pa___en Rettungsschwimmer besonders auf. Bei Radrennen auf der Stra___e mü___en die Fahrer über grö___ere Distanzen taktisch geschickt fahren. An steilen Anstiegen la___en die Bergspezialisten alle hinter sich. Das Bergtrikot ist wei ? mit roten Punkten.

b **Zweite Runde: Verlängere die blau markierten Wörter und unterstreiche den *s*-Laut.**

Streckenma ? → Verlängerungswort: ______________________

wei ? → Verlängerungswort: ______________________

c **Dritte Runde: Zerlege die orange markierten Wörter im Kopf und notiere eine Verlängerung des ersten Wortes. Unterstreiche jeweils den *s*-Laut.**

Gro(*s*/*ss*/*ß*)städten → Verlängerung: ______________________

ei(*s*/*ss*/*ß*)kalten → Verlängerung: ______________________

Information **Sonderfälle: Wechsel des *s*-Lauts und Merkwörter**

- **In Wortfamilien und bei Verbformen** kann sich die Schreibweise des **s-Lauts ändern.** Achte darauf, ob die **erste Silbe offen** oder **geschlossen** ist, z. B.: *Wir schließen* (offen) – *die Schlösser* (geschlossen); *wir lassen* (geschlossen) – *wir ließen* (offen). Einsilbige Wörter musst du dafür verlängern, z. B.: *floss – geflossen; fließt – fließen.*
- Einige Wörter **mit einfachem *s*** kannst du **nicht verlängern.** Es handelt sich um **Merkwörter,** z. B.: *als, aus, bis, es, etwas, niemals, alles, anders, morgens.*

2 a Ergänze in den Sätzen jeweils die fehlenden s-Laute. Notiere dafür zu jedem Einsilber eine Verlängerung in den Klammern (▸ siehe Merkwissen auf Seite 70).
TIPP: Achte darauf, ob die erste Silbe offen oder geschlossen ist.

A Der Spieler schie____t (__________). Der Schu____ (__________) geht ins Tor!

B Wer gestern wenig a____ (__________), kann heute mehr ____en.

C Den Ri____ (__________) im Netz bitte nicht noch weiter aufrei____en!

D Als sportliches Ma____ (__________) werden Kraft und Ausdauer geme____en.

b Kreuze an, welche Wechsel des *s*-Lauts innerhalb von Wortfamilien und bei Verben stattfinden:

☐ *ss → ß*   ☐ *ss → s*   ☐ *s → ß*   ☐ *ß → ss*

3 Hier sind beim Turnen die Buchstaben durcheinandergeraten. Schreibe die Sätze ab und löse dabei die Buchstabenrätsel auf. Achte auch auf die Groß- und Kleinschreibung.

Frisch und fit am frühen Morgen!

Früher habe ich ORMGSEN AFST ICHTSN getan. ETWSA Frühstück, schnell ins Badezimmer, SAD war LLAES. Heute halte ich es ADERNS: IBS SE Zeit für die Schule wird, machen mich ein paar Liegestütze und Sit-ups topfit.

4 Trage den richtigen *s*-Laut ein.

In den Schlu____ minuten de____ Spiel____ lie____ die Mannschaft nicht____ mehr zu.

Ander____ al____ erwartet schlo____ en wir die Saison dadurch mit einem Sieg ab.

das oder dass?

Information **Relativpronomen *(das)* oder Konjunktion *(dass)*?**

Zu Beginn eines Nebensatzes kannst du das **Relativpronomen *das*** leicht mit der **Konjunktion *dass*** verwechseln. Führe daher sicherheitshalber folgende **Ersatzprobe** durch:

- Kannst du ***das*** durch ***welches*** ersetzen, handelt es sich um das **Relativpronomen** und du schreibst **s**, z. B.: *Dies ist das Freibad, das/welches die schönste Liegewiese hat.*
- Die **Konjunktion *dass*** kannst du nicht ersetzen, z. B.: *Es stimmt, dass die Liegewiese schön ist.*

1 ***das* oder *dass*? Setze entweder das Relativpronomen oder die Konjunktion ein.**
TIPP: Die Entchen im Bild rechts können dir helfen. Achte auf die Anzahl.

Plastikentchen angeln

Man könnte vielleicht sagen, ______ sich Entenangeln zum Sportangeln verhält wie Minigolf zu Golf: Das sportliche Können, ______ beim Angeln und beim Golfen nötig ist, mag höher sein. Aber das Geschick, ______ man beim Entenangeln und beim Minigolf braucht, und das Vergnügen, ______ man daran hat, sollten nicht unterschätzt werden! Leidenschaftliche Entenangler kämpfen deshalb darum, ______ ihr Hobby endlich als Sport anerkannt wird. Ein Vorteil des Entenangelns ist, ______ man diesen Sport sogar in der eigenen Badewanne durchführen kann. Das Entenköpfchen, ______ den Kontaktpunkt für die Angel bildet, braucht dafür nur etwas Metall, ______ den Magneten am Ende der Angelschnur anzieht.

2 **In diesem Text sind *das* oder *dass* an fünf Stellen falsch geschrieben.**
Kontrolliere die Schreibung mit Hilfe der Ersatzprobe und unterstreiche die Fehlerstellen.

Ein Blick auf einen Badesee genügt, um zu erkennen, das der Mensch nicht gern alleine ins Wasser geht. Für die Jüngeren gibt es das Schwimmtier, das als Krokodil oder Delfin dafür sorgt, das das Planschen zum tierischen Vergnügen wird. Den Bequemen ermöglicht die Luftmatratze, das man sich nicht selbst über Wasser halten muss. Sportliche stellen sich aufs Surfbrett, dass bei gutem Wind schneidig übers Wasser gleitet. Ein Gefährt, das Sport und Ruhe perfekt verbindet, ist das Stand-up-Paddelbrett, dass auch einfach SUP genannt wird.

⊕ **3** **Trage in die Lücken jeweils den richtigen *s*-Laut ein: *s*, *ss* oder *ß*. Achte auf *das* und *dass*.**

Ein Gewä____er, da____ zum Baden genutzt wird, wird regelmä____ig kontrolliert . Wenn die Me____-werte ergeben, da____ die Wa____erqualität bedenklich ist, solltet ihr dort be____er nicht baden.

Wörter mit *i*, *ie* und *ih*

Information | **Wörter mit *i*, *ie* und *ih***

- Du schreibst **immer *i*,** wenn die **erste Silbe geschlossen** ist (kurz gesprochen), z. B.: *sin gen*.
- Du schreibst **nur dann *ie*,** wenn die **erste Silbe offen** ist (lang gesprochen), z. B.: *sie gen*.
  TIPP: Verlängere Einsilber, um diese Regel anzuwenden, z. B.: *das Ziel – zie len*.
- Wichtige **Merkwörter** mit ***i*** und ***ih*** sind: *mir, dir, wir, ihr, ihnen, ihm, ihn, ihre.*

Bei wenigen Wörtern und Verbformen gibt es die Schreibung ***ieh*,** z. B.: *das Vieh, befiehlt, stiehlt.*

1 **a** *i* oder *ie?* Sprich die Wörter deutlich in Silben.
Ergänze die richtige Schreibweise des *i*-Lauts und zeichne die Silbenbögen ein.
b Notiere zu den beiden markierten Wörtern je drei weitere Reimwörter mit dem gleichen *i*-Laut.

h___nken • s___gen • L___be • z___ttern • w___ndig • t___fer • schw___rig

Schinken, ______________________________

2 *i, ie, ih* oder *ieh?* Im folgenden Text fehlen die *i*-Laute.
Trage die fehlenden Buchstaben ein.

Cowboy-Plausch

„Mit w___ v___l Stück V___ z___st du denn h___r durchs Land?" „250 R___nder werden es schon sein. Und du?" „D___ große Herde, d___ du da h___nten s___st, gehört meiner Chefin. Und wenn ___r letzte Woche nicht einige T___re gestohlen worden wären, könnten es noch mehr sein!" „Und habt ___r den D___b geschnappt?" „Leider nein. Johnny ist zwar nachts wach geworden und hatte so ein ungutes Gefühl. Er denkt, h___r gesch___t doch was, hoffentlich st___lt n___mand unser V___. Er weckt Bob, s___ z___en ___re Colts und schauen nach. Aber da sehen s___ nur noch, w___ der Mistkerl auf einem w___ernden Gaul fl___t."

⊕ **3** **a** Ergänze die beiden Merksätze mit jeweils zwei Begriffen aus dem Wortspeicher:

erneut • entgegen • gegen • noch einmal

Wieder mit *ie* bedeutet ________________________.

Wider mit einfachem *i* bedeutet ________________________.

b Fülle nun die Lücken in den folgenden Wörtern aus.

W___derkehr • erw___dern • w___derbeleben • W___derholung • W___derstand • w___derwillig • w___derum • W___dergutmachung • w___derspiegeln • W___dersehen

Der *i*-Laut in Fremdwörtern

Information — **Der *i*-Laut in Fremdwörtern**

Bei **Fremdwörtern** gelten folgende Regeln für die Schreibung **des lang gesprochenen *i*-Lauts:**
- Bei den Endungen ***-ie, -ier, -ieren*** schreibst du das lang gesprochene *i* mit ***ie,*** z. B.: *Fantasie, Klavier, regieren.*
- Bei der Endung ***-iv*** wird das lang gesprochene *i* mit ***i*** geschrieben, z. B.: *passiv, relativ.*
- Bei der Endung ***-ine*** wird das lang gesprochene *i* mit ***i*** geschrieben, z. B.: *Cousine, Violine.*

1 **Markiere im Text 13 Fremdwörter mit einem *i*-Laut in der Endung und schreibe sie heraus. Notiere die Verben im Infinitiv.**

definitiv, blamieren, ________________________

____

Spielbesprechung

Tim: „Wir haben uns definitiv blamiert!"
Jannik: „Unsinn! Die haben defensiv gespielt und wir offensiv."
Can: „Stimmt, unser Spiel war attraktiv!"
Tim: „Interessiert doch keinen! Verloren ist verloren!"
Can: „Deren Torwart war aber auch eine Maschine! Hat nicht einen Treffer kassiert!"
Tim: „Wir haben nicht intensiv genug trainiert!"
Paul: „Und wir müssen mehr Vitamine essen, wie mein Vater immer sagt."
Jannik: „Iss eine Apfelsine und eine Mandarine für mich mit. Bei uns gibt's Lasagne!"

2 **Im Wortgitter verstecken sich 13 Begriffe, die dir im Deutschunterricht häufiger begegnen: fünf mit der Endung *-ieren,* fünf mit der Endung *-iv,* drei mit der Endung *-ie.* Markiere die Wörter mit drei verschiedenen Farben.**

N	O	M	I	N	A	L	I	S	I	E	R	E	N	R	N	W	I	A	E	K	M
A	Y	E	Q	K	O	N	J	U	G	I	E	R	E	N	G	I	H	P	R	O	I
G	P	G	F	E	Z	D	U	P	C	U	Z	W	V	N	X	R	E	O	Y	N	E
E	R	C	P	D	G	W	D	E	K	L	I	N	I	E	R	E	N	E	L	J	G
N	W	B	F	O	D	H	U	R	M	U	U	Q	I	J	W	G	S	S	W	U	E
I	R	O	N	I	E	E	I	D	V	C	B	E	O	R	A	I	X	I	S	N	Z
T	U	E	S	C	H	A	R	A	K	T	E	R	I	S	I	E	R	E	N	K	F
I	N	T	E	R	P	R	E	T	I	E	R	E	N	R	T	K	H	I	U	T	U
V	O	E	L	W	K	T	J	I	W	W	J	L	I	N	F	I	N	I	T	I	V
M	A	D	J	E	K	T	I	V	X	I	T	Y	P	A	Q	S	R	T	E	V	S

3 **Notiere die Verben aus Aufgabe 2 jeweils mit einem verwandten Nomen in deinem Heft, z. B.** nominalisieren → Nominalisierung.

Wörter mit *h*

Information **Wörter mit *h***

Bei einsilbigen Wörtern kannst du das *h* nicht hören. Verlängerst du sie, steht **das silbenöffnende *h* am Anfang der zweiten Silbe und ist beim deutlichen Sprechen hörbar,** z. B.: *dre hen, Mü he.*
Das ***h* am Ende der ersten Silbe** kannst du **nicht hören.** Es steht **häufig vor *l, m, n, r,*** z. B.: *füh len, rüh men, Deh nung, Eh re.* Diese Wörter sind **Merkwörter.**

1 **a** **Silbenöffnendes *h* oder Merkwort mit *h?* Ordne die markierten Wörter in die richtige Tabellenspalte ein. Verlängere dazu die einsilbigen Wörter und notiere sie in der Grundform. Ziehe Silbenbögen.**
b **Notiere zu jedem Wort einen Wortverwandten. Achtung: Das *h* bleibt in verwandten Wörtern erhalten.**

Warten auf Gold

Während der Sieger wartet, geht er auf und ab und zählt seine Schritte. Er sieht etwas verlegen aus, bohrt in den Ohren und fährt sich durch sein Haar. Der Wettkampf zieht noch einmal an ihm vorbei. Eigentlich fehlt ihm jetzt ein Moment der Ruhe. Aber er ist in seinem Leben nie höher gesprungen. Da wird er den kleinen Schritt aufs Siegertreppchen auch noch schaffen.

Wörter mit silbenöffnendem *h*	Merkwort mit *h*
ge hen - Gehweg	wäh rend – währen

2 **a** **Ergänze zu den folgenden Wörtern je vier Wortverwandte.**

Zahn: ______

wohnen: ______

früher: ______

wählen: ______

3 **Diese Fremdwörter sind falsch geschrieben. Schlage sie im Wörterbuch nach und verbessere sie.**

Vorsicht Fehler!

Rytmus: ______ • retorisch: ______ • Bibliotek: ______

Regeln zum Rechtschreiben

1 In jeder Zeile des folgenden Textes findet sich ein Fehler.

a Unterstreiche die Fehler und korrigiere sie in der Randspalte. (7 Punkte)

b Nach welcher der folgenden Regeln A bis D hast du den Fehler entdeckt und verbessert? Notiere den entsprechenden Buchstaben am Ende der Zeilen. (7 Punkte)

A Hört man bei geschlossener Silbe nur einen Konsonanten, wird dieser doppelt geschrieben.
B Der *s*-Laut wird *ß* geschrieben, wenn die erste Silbe offen ist und der *s*-Laut zischend gesprochen wird.
C Ein lang gesprochenes ***i*** in einer offenen ersten Silbe wird in der Regel *ie* geschrieben.
D Bei den Endungen *-ie, -ier, -ieren* wird das lang gesprochene *i* mit *ie* geschrieben.

Alte Turnhallen	**richtig geschrieben:**	**Regel**
1 Ale aus unserer Klasse hassen die alte Turnhalle.		
2 In ihr richt es immer nach Schweiß.		
3 Die Halle müsste auch grösser und höher sein.		
4 Außerdem sind viele Maten verschlissen und speckig.		
5 Die Trennwände funktioniren auch nicht richtig.		
6 Draußen macht Sport deshalb mehr Spass.		
7 Bald sol glücklicherweise eine neue Halle gebaut werden.		

2 *das* oder *dass?* Streiche jeweils die falsche Schreibweise durch. (10 Punkte)

Ein Hoch auf das Freibad

Befragungen zeigen, **das/dass** Freibäder ein Vergnügen sind, **das/dass** Alt und Jung gleichermaßen lieben. Deutlich wird, **das/dass** verschiedene Becken, Rutschen und Extras erwartet werden. Wenn dazukommt, **das/dass** sich das Bad in schöner Natur befindet, sind die Gäste besonders zufrieden. Bademeister geben den meisten das Gefühl, **das/dass** sie auch bei Hochbetrieb sicher sind. Für viele Befragte ist fast ebenso wichtig, **das/dass** es für den Hunger ein Angebot gibt, **das/dass** sich nicht auf Fast Food beschränkt. Allgemein gewünscht wird, **das/dass** die Freibäder länger öffnen. Denn klar ist ja, **das/dass** nur ein Freibad, **das/dass** geöffnet hat, auch Geld einnimmt.

Vergleiche deine Ergebnisse mit dem Lösungsheft. Für jede richtige Antwort bekommst du einen Punkt.

☺ 24–20 Punkte	😐 19–13 Punkte	☹ 12–0 Punkte
Gut gemacht!	Gar nicht schlecht, aber lies dir die Merkkästen auf den Seiten 73–78 noch einmal genau durch.	Arbeite die Seiten 73–78 noch einmal genau durch.

Groß- und Kleinschreibung

Wiederholung – Nomen / Substantive erkennen

Information **Strategie: Nomen / Substantive an ihren Begleitwörtern erkennen**

Nomen werden großgeschrieben. Du kannst sie oft an **Begleitwörtern** erkennen, die ihnen vorausgehen:
- **Artikel,** z. B.: *der Fußball, das Tor.*
- **Adjektiv,** z. B.: *der große Fußball, das neue Tor.*
- **Pronomen,** z. B.: *mein Fußball, dieser Fußball.*
- **Präposition,** z. B.: *mit dem Ball, am (an dem) Tor.*
- **Zahlwörter,** z. B.: *zwei Tore, elf Spieler.*

Nomen ohne Begleiter kannst du mit der **Artikel-Adjektiv-Probe** bestimmen, z. B.:
Sportler – der berühmte Sportler.

1 a Unterstreiche im folgenden Text alle Nomenbegleiter.
b Führe für die zwei Nomen ohne Begleiter die Artikel-Adjektiv-Probe durch. Schreibe auf die Linie.

Tiere auf dem Fußballfeld

Manchmal nehmen außer den Fußballern auch Tiere an einem Spiel teil. Schon häufiger haben sich Katzen während eines Spiels auf das Feld verirrt. Solche Vorfälle sind für die Fußballer eher störend, weil sie ihr Spiel unterbrechen müssen. Beim Publikum dagegen sorgen die süßen Vierbeiner meist für große Erheiterung.

2 In folgendem Text sind alle Nomen kleingeschrieben. Bestimme die Nomen anhand ihrer Begleiter oder mit Hilfe der Artikel-Adjektiv-Probe. Umkreise alle Buchstaben, die großgeschrieben werden müssen.

Vorsicht Fehler!

Nicht nur katzen, sondern auch andere und größere tiere verirren sich bisweilen auf ein fußballfeld. Während eines zweitligaspiels in brasilien stürmte ein junger hund auf den platz und verfolgte einen ängstlichen spieler. Dass dieser hund ganz ungefährlich war, stellte sich erst später heraus. In der schweiz versuchten sicherheitsleute und spieler, einen marder einzufangen. Als ein spieler das scheinbar so harmlose tierchen schließlich einfing, biss es ihm kräftig in seinen finger. Auch größere tiere brachten fußballer schon aus dem konzept: Während eines freundschaftsspiels in bulgarien spazierte plötzlich eine kuh über das spielfeld, in australien stürmte ein känguru ein spiel der regionalliga und in indien verirrte sich sogar ein kleines tigerbaby auf den platz.

3 Wie viele Nomenbegleiter findest du im Text von Aufgabe 2? Schreibe die Anzahl in die Kästchen.

Artikel ☐ Adjektive ☐ Pronomen ☐ Präpositionen ☐

Nominalisierungen / Substantivierungen

Information | **Nominalisierungen: Großschreibung von Verben und Adjektiven**

Verben und Adjektive schreibst du **groß,** wenn sie im Satz **als Nomen gebraucht** werden, z. B.: *das Schwimmen* (nominalisiertes Verb), *das Neue* (nominalisiertes Adjektiv).
Du kannst solche **Nominalisierungen an** denselben **Begleitwörtern** (▸ S. 81) **erkennen** wie Nomen.
TIPP: Nominalisierungen ohne Begleiter kannst du mit Hilfe der **Artikel-Adjektiv-Probe** erkennen, z. B.: *Er mag (das regelmäßige) Fußballspielen im Verein.*

1 **Prüfe anhand der Begleitwörter, ob es sich bei den markierten Verben und Adjektiven um Nominalisierungen handelt. Umkreise dann den richtigen Anfangsbuchstaben.**

Olympiade der Tiere

Würden Tiere an den Olympischen Sommerspielen T/teilnehmen, sähen Menschen im A/allgemeinen alt aus. Der schnellste Mensch der Welt könnte beim S/sprinten gerade noch ein Kamel Ü/überholen. Gegen einen Geparden hätte er aber keine Chance, selbst wenn er beim R/rennen bis zum Ä/äußersten ginge. Und bei den Ausdauerdisziplinen? Das B/beste sind einfach vier Beine! Kein Mensch hat so viel Kondition wie ein Schlittenhund. Daran kann selbst I/intensives T/trainieren nichts ändern.

2 **Entscheide, ob die Verben und Adjektive in den Klammern nominalisiert sind oder nicht, und fülle die Lücken in der richtigen Groß- und Kleinschreibung aus.**

Auch **Indefinitpronomen** (z. B. *etwas, nichts, einige, kein, viel, alles, ein paar*) sind Begleiter. Sie stehen oft **vor nominalisierten Adjektiven.**

Auch ____________ *(springen)* wäre eine Disziplin, bei der der Mensch keine Chance hätte. Beim Weitsprung wäre er den Kängurus ____________ *(unterlegen)*. Sie ____________ *(springen)* fast vier Meter weiter als der amtierende Weltmeister. Und für Delfin, Puma und Springbock sind die Höhen beim Hochsprung zum ____________ *(lachen)*. Für sie sind drei Meter nichts ____________ *(außergewöhnliches)*. Beim ____________ *(heben)* und ____________ *(stemmen)* von Gewichten haben Elefant und Grizzly die Nase vorn. Etwas ____________ *(besonderes)* ist es vielleicht mit dem Mehrkampf. Denn der Mensch ist sehr ____________ *(vielseitig)*. Beim Siebenkampf oder beim Zehnkampf würde uns tatsächlich die ____________ *(erste)* Goldmedaille winken.

Adjektive kleinschreiben

Information **Adjektive kleinschreiben**

- Adjektive im **Superlativ mit *am*** schreibst du **klein,** z. B.: am schnellsten.
  Das Wort „am“ ist hier kein Nomenbegleiter *(am Wochenende = an dem Wochenende).*
  Probe: Wenn *am* beim Superlativ steht, kannst du es nicht in *an dem* auflösen.
- Adjektive schreibst du **trotz Nomenbegleiter klein, wenn** sie sich auf ein **vorhergehendes oder folgendes Nomen beziehen,** z. B.:
  Er ist ein guter Sportler, aber kein erfolgreicher. Er ist der erfolgreichste von allen Sportlern.
  Erweiterungsprobe: Prüfe, ob du ein Nomen ergänzen kannst, auf das sich das Adjektiv bezieht, z. B.:
  Er ist ein guter Sportler, aber kein erfolgreicher (Sportler).

1 **Formuliere mit Hilfe der Adjektive und der Bilder vier Sätze zu tierischen Rekorden. Nutze dabei den Superlativ mit *am* und achte auf die Kleinschreibung.**

tief • schnell • weit • hoch

A Am ______________________ taucht der Wal.

B ______________________

C ______________________

D ______________________

2 **Schreibe die folgenden Sätze in der richtigen Groß- und Kleinschreibung in dein Heft. Prüfe mit Hilfe der Erweiterungsprobe (▶ Merkwissen oben), ob sich die Adjektive auf ein folgendes oder vorhergehendes Nomen beziehen.**

Sind Tiere die besseren Sportexperten?

A Tiere sind nicht immer die zuverlässigsten aller sportexperten, aber wohl die unterhaltsamsten.
B Der bekannteste tierische hellseher ist auch der beste.
C Der krake paul lieferte bei der weltmeisterschaft in südafrika nicht nur zahlreiche vorhersagen, sondern auch die treffsichersten.

⊕ **3** **Erkläre die Kleinschreibung der markierten Adjektive in deinem Heft.**

Die hellseherischen, überaus zuverlässigen Fähigkeiten Pauls waren erstaunlich. Am erstaunlichsten aber war der Medientrubel um das „Kraken-Orakel“. Handelte es sich womöglich nicht nur um einen klugen Kraken, sondern auch um einen betrügerischen? Hatte ein Mensch die Hand im Spiel? Wer weiß …

Groß- und Kleinschreibung bei Zeitangaben

Information Groß- und Kleinschreibung bei Tageszeiten und Wochentagen

- **Tageszeiten und Wochentage** schreibst du groß, wenn sie **Nomen** sind. Du erkennst sie häufig an den üblichen Begleitwörtern (▶ S. 81), z. B.: *am Morgen, mitten in der Nacht, eines Tages, am Sonntag, diesen Mittwoch, jeden Montag.*
- **Tageszeiten und Wochentage** schreibst du dann **klein,** wenn sie **Adverbien** (▶ S. 37) sind, z. B.: *heute, morgen, gestern, nachmittags, abends, freitags.*

1 Lies die drei Aushänge und notiere die unterstrichenen Zeitangaben in der richtigen Groß- und Kleinschreibung. TIPP: Achte auf die Wortart: Nomen oder Adverb?

Hundesportschule lädt diesen SAMSTAG zum TAG der offenen Tür ein!

Nicht vergessen: **Flyball-Wettbewerb** MORGEN am NACHMITTAG!

Hundesportkurse jeden DIENSTAG und DONNERSTAG, NACHMITTAGS und ABENDS!

2 Groß oder klein? Schreibe die Zeitangaben in den Klammern richtig in die Lücken. TIPP: Schreibe Nomen groß, Adverbien und Adjektive klein.

Tag der offenen Tür in der Hundesportschule

Letzten ______________ (SAMSTAG) fand in der Hundesportschule „Activity“ der Tag der offenen Tür statt. Vom ______________ (VORMITTAG) bis zum späten ______________ (ABEND) konnten Hundebesitzer sich darüber informieren, wie sie gemeinsam mit ihren Vierbeinern Sport treiben können. Die Schule präsentierte stolz, dass sie ______________ (TÄGLICH) Kurse im Angebot hat. So kann man jeden ______________ (MONTAG), ______________ (MITTWOCH) und ______________ (FREITAG) Agility-Kurse besuchen. Kurse im Freestyle-Diskdogging gibt es ______________ (DIENSTAGS) und ______________ (DONNERSTAGS). Die Kurse finden jeweils am ______________ (NACHMITTAG) oder ______________ (ABENDS) statt.

Information **Kombinierte und zusammengesetzte Zeitangaben**

- Bei **kombinierten Angaben** schreibst du die **Adverbien klein** und die **Nomen groß,** z. B.: *heute Abend, gestern Nacht, morgen Mittag.*
- Für **zusammengesetzte Zeitangaben** aus Wochentagen und Tageszeiten gilt:
  Du schreibst sie **groß,** wenn sie **Nomen** sind, z. B.: *der Sonntagnachmittag, am Montagabend.*
  Sind sie **Adverbien,** schreibst du sie **klein,** z. B.: *samstagnachmittags, sonntagabends.*

TIPP: Nomen ohne Begleiter kannst du mit der **Artikel-Adjektiv-Probe** bestimmen, z. B.: *Montagabend – der letzte Montagabend.*

3 **Schreibe die Zeitangaben in den Klammern richtig in die Lücken.**
TIPP: Achte auf die Wortart und führe im Zweifel die Artikel-Adjektiv-Probe durch.

14-Jährige gewinnt 1. Preis

Die Hundesportschule „Activity“ veranstaltete am ____________________ (SONNTAG-NACHMITTAG) einen Agility-Wettbewerb. Bei dieser Sportart müssen Mensch und Hund möglichst fehlerfrei einen Hindernis-Parcours bewältigen. Überraschend gewann die 14-jährige Paula mit ihrer Hündin Amy. Im anschließenden Interview erklärte sie: „Ich hatte ____________________ (HEUTE MORGEN) eigentlich gar kein gutes Gefühl, weil Amy so nervös wirkte. Als wir dann ____________________ (HEUTE MITTAG) in der Hundeschule ankamen, hat sie sich aber zum Glück beruhigt. Ich bin sehr stolz auf Amy, denn sie hat zweimal wöchentlich, immer ____________________ (MONTAGNACHMITTAGS) und ____________________ (DONNERSTAGNACHMITTAGS), mit mir trainiert.

Ich denke aber, dass wir ____________________ (MORGEN NACHMITTAG) mit der ganze Familie den Turniersieg feiern und das Training einmal ausfällt.

4 **Schreibe im Heft mit Hilfe der folgenden Stichworte selbst einen kurzen Bericht im Präteritum.**
Achte darauf, die Zeitangaben in der richtigen Groß- und Kleinschreibung zu verwenden.
Am … fand in unserem Fußballstadion das lang ersehnte Leichtathletik-Sportfest statt …

- AM LETZTEN SAMSTAG (Leichtathletik-Sportfest im Stadion)
- FÜR DEN VORMITTAG (Programm: Weit- und Hochsprung, Kugelstoßen)
- MITTAGS (Pause an der Imbissbude)
- NACHMITTAGS (100- und 800-Meter-Lauf)
- AM SONNTAGMORGEN (Muskelkater)

Groß- und Kleinschreibung

1 **Ordne den Nomenbegleitern die passenden Beispiele rechts zu, indem du sie mit Linien verbindest. Umkreise außerdem die Nominalisierungen. (7 Punkte)**

A Artikel	1 mein Pferd
B Adjektiv	2 beim Trainieren
C Pronomen	3 sieben Pferde
D Präposition	4 schnelle Pferde
E Zahlwort	5 das Aufregende

2 **Groß oder klein? Markiere im folgenden Text die falschen Buchstaben. (11 Punkte)**

Wer sich für Tiere interessiert, sollte darüber Nachdenken, ob pferdesport für ihn das richtige ist. Reitschulen bieten ein breites angebot, sodass fast für jeden etwas passendes dabei ist. Das schöne ist, dass man Pferdesport allein oder im Team ausführen kann: Während man zum Beispiel dressurreiten und voltigieren allein betreibt, spielen beim Horseball oder Polo zwei mannschaften gegeneinander. In Schnupperkursen kannst du ausprobieren, welche reitsportart für dich die Attraktivste ist.

3 **Schreibe die Zeitangaben in Klammern in der richtigen Groß- und Kleinschreibung auf. (6 Punkte)**

In unserer Reitschule fand ______________________ (HEUTE) ein großer Wettbewerb statt.

Am ______________ (MORGEN) traten die Dressurreiter gegeneinander an.

Der __________________ (VORMITTAG) war für Wettbewerbe im Voltigieren reserviert. Zur Freude der Besucher gab es ______________________ (MITTAGS) ein reichhaltiges Büfett, sodass am ___________________ (NACHMITTAG) alle gestärkt das Polo-Turnier verfolgen konnten. Wenn ihr auch Lust auf Pferdesport bekommen habt, könnt ihr immer ____________________________ (MITTWOCHNACHMITTAGS) in unseren Schnupperkursen vorbeischauen.

Vergleiche deine Ergebnisse mit dem Lösungsheft. Für jede richtige Antwort bekommst du einen Punkt.

☺ 24–20 Punkte	😐 19–13 Punkte	☹ 12–0 Punkte
Gut gemacht!	Gar nicht schlecht, aber lies dir die Merkkästen auf den Seiten 81–85 noch einmal genau durch.	Arbeite die Seiten 81–85 noch einmal genau durch.

Zusammen- und Getrenntschreibung

Getrenntschreibung – Nomen / Substantiv + Verb

Information **Getrenntschreibung – Nomen / Substantiv + Verb**

Wortgruppen aus **Nomen und Verb** schreibst du immer **getrennt,** z. B.: *Rad fahren, Basketball spielen, Schlange stehen.*
Achtung: Werden Wortgruppen aus Nomen + Verb **nominalisiert,** musst du sie **zusammenschreiben und großschreiben,** z. B.: *Ich gehe zum Basketballspielen. Das Radfahren macht mir Spaß.*

1 Verbinde die Nomen und Verben mit Linien zu sinnvollen Wortgruppen und notiere sie.
TIPP: Einige Verben passen zu mehreren Nomen.

Fußball | Rad | Spaß | Ski | Handball | Schlittschuh | Skateboard | Schach

fahren | laufen | spielen | haben | machen

Fußball spielen, ______________________

____

2 Getrennt oder zusammen? Notiere die Verbindung „Fußball + spielen" jeweils in der richtigen Form. Beachte dabei, dass du Nominalisierungen (▸ Merkwissen oben) zusammen- und großschreiben musst.

Ich möchte morgen ______________________.

Das ______________________ macht mir großen Spaß.

3 Setze die Wortgruppen aus Aufgabe 1 passend in den folgenden Lückentext ein.
Achte darauf, ob die Wortgruppen getrennt geschrieben werden müssen oder ob sie nominalisiert sind.
TIPP: Du erkennst Nominalisierungen häufig an den üblichen Nomenbegleitern (▸ S. 81).

Für jeden der richtige Sport

Es gibt viele Sportarten, die großen ______________________: Wer gern in der Mannschaft spielt, powert sich z. B. beim ______________________ oder ______________________ aus. Wer im Sommer gern alleine draußen ist, geht vielleicht ______________________ oder ______________________. Im Winter möchten viele ______________________ oder ______________________. Wer hingegen gern gemütlich im Warmen sitzt, bevorzugt das ______________________.

⊕ **4** Formuliere im Heft je zwei kurze Sätze. Verwende die folgenden Nomen und Verben jeweils einmal als Wortgruppe (= getrennt geschrieben) und einmal nominalisiert (= zusammengeschrieben).

Inliner + fahren • Tischtennis + spielen • Trampolin + springen

Getrenntschreibung – Verb + Verb, Wortgruppen mit *sein*

Information **Getrenntschreibung – Verb + Verb, Wortgruppen mit *sein***

- Wortgruppen aus **Verb + Verb** schreibst du immer **getrennt,** z. B. *laufen gehen, schwimmen lernen, bleiben lassen, gesagt bekommen, gelobt werden.*
  Achtung: Werden Wortgruppen aus Verb + Verb **nominalisiert,** schreibst du sie **groß und zusammen,** z. B.: *Das Laufengehen macht mir großen Spaß.*
- Wortgruppen mit ***sein*** schreibst du **immer getrennt,** z. B. *da sein, leid sein, zurück sein, fertig sein.*

1 Bilde mit den Verben im Kasten rechts Wortgruppen aus Verb + Verb und setze sie sinnvoll und in der richtigen Form in den folgenden Text ein.

stehen • ~~spielen~~ • müssen • liegen • gewöhnen • lassen • bleiben • ~~gehen~~

Ballsport auf dem Rad

Wollt ihr eine neue Sportart ausprobieren? Dann solltet ihr mal Radball spielen gehen ____.

An das spezielle Rad werdet ihr euch ____, aber dann macht es richtig Spaß.

Wenn du auf dem Hinterrad ____, kannst du mit dem Vorderrad abziehen.

Ihr kickt zu zweit in einem Team, spielt Doppelpässe und könnt den Ball auch mal geschickt ____, damit euer Mitspieler ihn ins gegnerische Tor drischt.

2 Bilde mit den folgenden Wörtern Wortgruppen mit „sein" und setze sie passend in die Lücken ein.

bereit • schwindelfrei • sicher • schwierig

Um Einradhockey zu spielen, muss man auf dem Einrad schon ziemlich ____.

Außerdem muss man ____, ein gewisses Verletzungsrisiko in Kauf zu nehmen, denn ungefährlich ist diese Sportart nicht. Sie macht aber auch jede Menge Spaß. Mag die Koordination von Rad und Schläger am Anfang noch ____: Übung macht den Meister!

Und übrigens: Wer Einradhockey spielt, wird auch auf wackelnden Hängebrücken, auf windigen Berggipfeln oder Wolkenkratzern immer ____.

3 Zerlege die folgende Wörterschlange und schreibe die Wortgruppen in dein Heft.

Meist getrennt – Adjektiv + Verb

Information **Meist getrennt – Adjektiv + Verb**

Wortgruppen aus **Adjektiv + Verb** schreibst du **meist getrennt,** z. B.: *laut rufen, schnell rennen.*
Aber: Entsteht ein **Wort mit neuer Gesamtbedeutung, schreibst du zusammen,** z. B.: *schwarzfahren* (= ohne Fahrschein fahren), *schwerfallen* (= Mühe bereiten).
Ersatzprobe für die Getrenntschreibung: Kannst du das Adjektiv durch ein Adjektiv mit ähnlicher Bedeutung ersetzen, schreibst du getrennt, z. B.: *Der Junge ist schwer gefallen → Der Junge ist schlimm gefallen.*

1 **Getrennt oder zusammen? Setze „leicht?fallen" jeweils in der richtigen Schreibweise ein.**
TIPP: Achte darauf, ob ein Wort mit einer neuen Bedeutung entsteht.

A Beim Skateboardfahren kann man sehr ______________________________.

B Wenn du ein bisschen geübt hast, wird das Skateboardfahren dir ______________________________.

2 **Prüfe, ob du zusammenschreiben oder getrennt schreiben musst, und fülle die Lücken entsprechend aus.**
TIPP: Führe im Zweifel die Ersatzprobe (▶ Merkwissen) durch.

Kopfballtischtennis

Wenn du ______________________ (sicher?gehen) willst, eine originelle und seltene Sportart auszuüben, dann solltest du dich für Kopfballtischtennis entscheiden. Zunächst musst du dir die Regeln ______________________ (klar?machen): Man spielt an einer Tischtennisplatte mit einem Gummiball, der nur mit dem Kopf berührt werden darf. Man muss schon sehr ______________________ (fleißig?üben), bis man so ______________________ (geschickt?köpfen) kann, dass man den Ball ______________________ (sicher?kontrollieren). Am Anfang wird dir das vielleicht noch ______________________ (schwer?fallen), aber mit ein bisschen Übung wirst du es ______________________ (gut?können).

3 **„schönreden" oder „schön reden"? Formuliere zu jeder Schreibweise einen passenden Satz.**

A ____

B ____

Meist zusammen – Präposition + Verb, Adverb + Verb

Information | **Meist zusammen – Präposition + Verb, Adverb + Verb**

- Verbindungen aus **Präposition + Verb** schreibst du in der Regel zusammen, z. B.: *vormachen, mitspielen, angeben.*
- Verbindungen aus **Adverb + Verb** schreibst du **zusammen,** wenn die **Hauptbetonung auf dem Adverb** liegt, z. B.: *Wir müssen das Geld zusammenlegen.*
  Werden **Adverb und Verb gleich betont,** schreibst du sie **in der Regel getrennt,** z. B.: *Ich wohne in dem Haus, das du gegenüber siehst.*
  Erweiterungsprobe: Kannst du ein Wort oder eine Wortgruppe zwischen Adverb und Verb einfügen, schreibst du getrennt, z. B.: *Wollen wir zusammen (im Stadion) trainieren?*

1 Zusammen oder getrennt? Fülle die Lücken jeweils richtig mit den Verbindungen aus Präposition + Verb (grün markiert) und Adverb + Verb (orange markiert) aus.
TIPP: Führe bei Verbindungen aus Adverb + Verb im Zweifel die Betonungsprobe und/oder die Erweiterungsprobe (▶ Merkwissen) durch.

Quidditch für Muggel

Wer __________ (heraus?finden) möchte, wie Harry Potter sich beim Quidditch gefühlt hat, kann es selbst __________ (aus?probieren) – natürlich mit etwas abgewandelten Regeln: Man braucht zwei Mannschaften, die __________ (gegeneinander?spielen) und sich jeweils aus drei Jägern, zwei Treibern, einem Hüter und einem Sucher __________ (zusammen?setzen). Die Spieler können natürlich nicht auf Besen __________ (herum?fliegen), sondern bleiben mit Gymnastikstäben am Boden. Ringe ersetzen die üblichen Tore. Die Jäger müssen den Quaffel __________ (hindurch?werfen), wenn sie punkten wollen. Das klappt nur, wenn der Hüter ihnen nicht __________ (dazwischen?kommt). Die Treiber sollten inzwischen __________ (zusammen?versuchen), die Gegner abzuwerfen.

2 Formuliere zwei Sätze, in denen du „zusammen?halten" einmal zusammenschreiben und einmal getrennt schreiben musst. Arbeite im Heft.

Zusammen- und Getrenntschreibung

1 **Kreuze an, ob die Wortgruppen in der Regel zusammengeschrieben werden oder getrennt. (9 Punkte)** ☐

		getrennt	zusammen
A	Wortgruppen aus Nomen + Verb	☐	☐
B	Wortgruppen aus Verb + Verb	☐	☐
C	nominalisierte Wortgruppen aus Nomen + Verb oder Verb + Verb	☐	☐
D	Wortgruppen mit „sein“	☐	☐
E	Wortgruppen aus Adjektiv + Verb, wenn keine neue Bedeutung entsteht	☐	☐
F	Wortgruppen aus Adjektiv + Verb, wenn eine neue Gesamtbedeutung entsteht	☐	☐
G	Wortgruppen aus Präposition + Verb	☐	☐
H	Wortgruppen aus Adverb + Verb, wenn die Betonung auf dem Adverb liegt	☐	☐
I	Wortgruppen aus Adverb + Verb, wenn beide gleich betont werden	☐	☐

2 **Zusammen oder getrennt? Notiere jeweils die richtige Schreibweise auf der Linie. (10 Punkte)** ☐
TIPP: Achte auf die Wortarten und darauf, ob eine Wortgruppe nominalisiert ist.

Wissenschaftler, die das __________ (Fußball?spielen) mögen, aber keine große __________ (Lust?haben), sich körperlich zu betätigen, lassen Roboter im Fußball __________ (gegeneinander?antreten). Die Roboter müssen __________ (gut?programmiert) werden, damit sie auf dem Spielfeld __________ (blitzschnell?reagieren) und nichts __________ (schief?geht). Bei dem Spiel selbst dürfen die Menschen nicht __________ (mit?spielen), z. B. indem sie ihre Roboter __________ (fern?steuern). Mittlerweile wird überlegt, ob Robotermannschaften bald schon so __________ (gut?sind), dass sie gegen Menschen __________ (spielen?können).

Überprüfe deine Ergebnisse mit dem Lösungsheft. Für jede richtige Antwort bekommst du einen Punkt.

☺ **19–16 Punkte**	😐 **15–10 Punkte**	☹ **9–0 Punkte**
Gut gemacht!	Gar nicht schlecht, aber lies dir die Merkkästen auf den Seiten 87–90 noch einmal genau durch.	Arbeite die Seiten 87–90 noch einmal genau durch.

Zeichensetzung

Das Komma in der Satzreihe

Information **Das Komma in der Satzreihe: (Hauptsatz + Hauptsatz)**

Eine **Satzreihe** besteht aus **zwei** oder mehreren **selbstständigen Hauptsätzen,** die durch ein **Komma** voneinander getrennt werden. Nur vor *und* bzw. *oder* kannst du das Komma weglassen.

So erkennst du eine Satzreihe:

- Die Hauptsätze einer Satzreihe werden häufig durch eine **nebenordnende Konjunktion** *(denn, aber, doch, sondern, und, oder)* miteinander verbunden, z. B.: *Menschen brauchen Bewegung und Tiere brauchen Bewegung. Gemeinsamer Sport ist also gut, aber er muss zu den Bedürfnissen der Tiere passen.*
- In einer Satzreihe hat jeder **Hauptsatz** mindestens ein **Prädikat** (gebeugte Verbform) und ein **Subjekt,** z. B.: *Manche Tiere sind sehr verspielt, andere Tiere laufen lange Strecken.*

1 **Markiere im Text die nebenordnenden Konjunktionen und setze – falls gefordert – die fehlenden Kommas.**

Und alles auf vier Pfoten!

Gesunde Hunde haben Spaß am Sport, denn sie bewegen sich von Natur aus gern. Das gilt zum Beispiel für den Schwimmsport und es gilt beinahe noch mehr für den Fußball! Vier Pfoten sind dabei kein Nachteil sondern sie sind – bei genauer Betrachtung – sogar ein Vorteil. Hunde sind auf ihren vier Pfoten nämlich schnell wie der Wind und sie sind sehr wendig. Ein kleines Problem gibt es allerdings: Mit Hunden kann man prima spielen aber man kann sich mit ihnen nur mühsam über Regeln verständigen. Mein Hund jedenfalls hat die Abseitsfalle bis heute nicht verstanden.

2 **Setze alle nötigen Kommas in dem folgenden Text über Hunde-Frisbee. Achte auf nebenordnende Konjunktionen und auf die Grenze zwischen den einzelnen Hauptsätzen (▸ Merkwissen oben). Beachte: Jeder Hauptsatz hat ein Subjekt und ein Prädikat.**

Nicht nur Fußball macht Hunden Spaß sondern auch Frisbee ist für die Vierbeiner ein echtes Vergnügen. Allerdings: Alle Hunde spielen gern aber nicht jeder Hund ist für den Frisbee-Sport geeignet und nicht jeder Hund ist fit genug für diesen Sport. Die Größe muss stimmen die Sprungkraft muss passen die Koordination muss gut sein und die Gesundheit muss natürlich gegeben sein denn sonst drohen den Tieren Verletzungen.

⊕ **3** **Verknüpfe die drei Sätze im Heft zu einer Satzreihe. Nutze Konjunktionen und setze Kommas.**

Tim springt nach dem Frisbee. • Sein Hund erwischt die Scheibe. • Er ist schneller.

Das Komma im Satzgefüge

Information **Das Komma in Satzgefügen (Hauptsatz + Nebensatz)**

Ein **Satzgefüge** besteht aus einem **Hauptsatz** und mindestens einem **Nebensatz.**
Der Nebensatz kann **nach, zwischen** oder **vor** dem Hauptsatz stehen und muss immer durch ein oder zwei **Kommas** vom Hauptsatz abgetrennt werden, z. B.:
Menschen treiben Sport, weil es gesund ist. → *Komma vor der unterordnenden Konjunktion*
Menschen treiben, weil es gesund ist, Sport. → *zwei Kommas trennen den Nebensatz ab*
Weil es gesund ist, treiben Menschen Sport. → *Komma nach Verb am Ende des Nebensatzes*

So erkennst du Nebensätze:
- Das **gebeugte Verb** steht immer **am Ende** des Nebensatzes.
- Die meisten Nebensätze werden durch **unterordnende Konjunktionen** (Subjunktionen) und **Relativpronomen** eingeleitet:

unterordnende Konjunktionen:	*nachdem, wenn, obwohl, weil, dass, indem, als, da, falls, damit, bevor, ob, …*	*Ich freue mich, dass mein Hund gern mit mir joggt.*
Relativpronomen:	*der, die, das, welcher, welche, welches*	*Ein Reiter, der Polo spielt, braucht ein wendiges Pferd.*

1 **Nebensätze werden durch Kommas vom Hauptsatz abgetrennt.**
a **Unterstreiche alle Nebensätze. Umkreise das Verb am Ende des Nebensatzes und markiere die Signalwörter: Konjunktionen blau und Relativpronomen grün.**
b **Setze die fehlenden Kommas.**

Vorsicht Fehler!

Tierischer Rennsport

Hier möchte ich einmal nicht über Pferderennen sprechen, weil ich gar nicht weiß ob dieser Sport den Pferden wirklich guttut. Schneckenrennen dagegen sind eine Wucht! Die Schnecken die freiwillig vorwärtskriechen haben ein klares Ziel: ein Salatblatt! Und ein Salatblatt das grün und saftig ist ist für eine Schnecke verlockender als eine Goldmedaille. Da bin ich mir sicher! Man darf allerdings nicht glauben dass die Schnecken sich deswegen beeilen. Bevor eine Schnecke richtig Gas gibt muss schon etwas ganz Besonderes passieren. Die Schnecken spazieren also mit der größten Ruhe auf ihre Trophäe zu die ihrerseits in Ruhe auf die Schnecken wartet. Verlierer gibt es natürlich keine! Jede Schnecke erhält ihr Blatt falls sie jemals bei ihm ankommt.

2 **Suche aus dem Text oben jeweils einen Satz heraus, bei dem der Nebensatz (Ns) vor, zwischen und nach dem Hauptsatz (Hs) steht. Schreibe die Sätze in dein Heft.**

Das Komma bei Aufzählungen

Information **Das Komma bei Aufzählungen**

Wörter und Wortgruppen in **Aufzählungen** werden **durch Kommas abgetrennt,** z. B.:
Terrier, Pudel, Boxer und Labradore spielen gern mit Bällen.
Das gilt auch, wenn das Wort oder die Wortgruppe durch **einschränkende Konjunktionen** wie *aber, jedoch, sondern, doch* eingeleitet wird, z. B.:
Terrier, Pudel und Boxer, aber auch Labradore spielen gern mit Bällen.
Achtung: Kein Komma steht **vor** den **nebenordnenden Konjunktionen** *und, oder, sowie, entweder ... oder, sowohl ... als auch, weder ... noch,* z. B.:
Hundesport bieten sowohl Hundeschulen als auch einzelne Trainerinnen und Trainer an.

1 **a Unterstreiche im folgenden Text die Aufzählungen.**
b Setze, wo nötig, die fehlenden Kommas.

Vorsicht Fehler!

Das Wettkrähen der Superhähne

Kaum zu glauben: **1** In den Niederlanden in Belgien und in Deutschland wird regelmäßig ein Wettkrähen zwischen Hähnen veranstaltet. **2** Dabei geht es sowohl um die Dauer als auch um die Häufigkeit und vor allem um die Güte des Krähens. **3** Der „Bergische Kräher" und der „Indonesische Kräher" sind besonders begabte höchst ausdauernde nimmermüde Langkräher. **4** Andere Rassen oder Sorten haben die Nase entweder bei der Häufigkeit der Krählaute in einem bestimmten Zeitraum oder bei der klanglichen Güte ihres Krähens vorn. **5** Ein reiner Spaß ist das Ganze jedenfalls nicht sondern Kultur. **6** In Flandern wurde das Wettkrähen bereits 2011 zum staatlich anerkannten Kulturerbe erklärt.

2 **Erkläre die Kommasetzung in den Sätzen 1 und 2 (Aufgabe 1) in deinem Heft.**

⊕ **3** **Verbessere die Kommasetzung. Setze fehlende Kommas und streiche falsch gesetzte durch.**

Vorsicht Fehler!

Sowohl Spitzenkräher, als auch gewöhnliche Bauernhofhähne krähen. Leider! Denn Letztere nehmen weder ein Blatt vor den Schnabel, noch irgendeine Rücksicht auf das Schlafbedürfnis von Bauernhofurlaubern. Vater Mutter Kind werden mit Sonnenaufgang aus dem Schlaf, und aus den Betten gerissen.

Das Komma bei Erläuterungen und Appositionen

Information — **Das Komma bei nachgestellten Erläuterungen und Appositionen**

- Mit Wörtern wie *nämlich, und zwar, vor allem, das heißt (d. h.), zum Beispiel (z. B.), insbesondere* leitest du eine **nachgestellte Erläuterung** ein. Sie wird **durch Kommas abgetrennt,** z. B.:
  Manche Tiere haben einen guten Geruchssinn, insbesondere Aale und Hunde.
  Manche Tiere, insbesondere Aale und Hunde, haben einen guten Geruchssinn.
- Mit Hilfe einer **Apposition** beschreibst du ein Bezugswort (meist ein Nomen) näher. Die Apposition steht im gleichen Kasus wie ihr Bezugsnomen. Sie besteht meist aus einem Nomen (oder einer Nomengruppe) und wird **durch Kommas abgetrennt,** z. B.:
  Golden Retriever, eine beliebte Hunderasse, eignen sich gut als Spürhunde.

1 **Markiere im Text nachgestellte Erläuterungen gelb und Appositionen grün. Setze dann die fehlenden Kommas.**

Spurensuche mit Profinase

Der englische Begriff „Mantrailing“ setzt sich zusammen aus den englischen Wörtern „man“ das heißt „Mensch“ und „trail(ing)“ das bedeutet „eine Spur (verfolgen)“. Mantrailing die Suche nach einem Menschen ist oft eine ernste Sache, aber auch eine beliebte Freizeitbeschäftigung mit Hunden. Der Hund verfolgt den Geruch den Duft-Fingerabdruck einer Person auf Grundlage einer Geruchsprobe. Diese enthält verschiedene Bestandteile zum Beispiel Hautschuppen. Im Vergleich zum Menschen mit nur ca. 25 Millionen Riechzellen besitzt der Hund einen sehr gut entwickelten Geruchssinn nämlich ca. 250 Millionen Riechzellen.

2 **Ergänze den Text und setze die fehlenden Kommas. Nutze dazu die nachgestellten Erläuterungen in der angegebenen Reihenfolge und geeignete Einleitungswörter aus dem Wortkasten rechts.**

nachgestellte Erläuterungen:
1 ein Kleidungsstück
2 die Hände des Hundeführers
3 erfolgreich

Einleitungswörter:
und zwar • beispielsweise • etwa • insbesondere • das heißt • vor allem

Der Hund erhält einen Gegenstand ______________________________ als Geruchsprobe von der gesuchten Person. Die Geruchsprobe darf nicht mit anderen Gerüchen ______________ ______________________________ in Kontakt gekommen sein.

Dann wird die Suche gut verlaufen ______________________________.

3 **Beschreibe ein Tier deiner Wahl in einem Satz. Nutze dabei eine Apposition. Arbeite im Heft.**

Zeichensetzung in der wörtlichen Rede

Information **Zeichensetzung in der wörtlichen Rede**

Die **wörtliche Rede** steht in **Anführungszeichen.** Die Zeichensetzung ändert sich, je nachdem, ob der Redebegleitsatz vor, nach oder zwischen der wörtlichen Rede steht.

- Den **Redebegleitsatz vor der wörtlichen Rede** trennst du durch einen **Doppelpunkt** von der wörtlichen Rede ab, z. B.: *Matti schwärmt: „Tanzen ist toll.“*
- Den **Redebegleitsatz nach der wörtlichen Rede** trennst du durch ein **Komma** von der wörtlichen Rede ab, z. B.: *„Das kommt auf die Musik an“, erwidert Nicole.*
- Den **Redebegleitsatz zwischen der wörtlichen Rede** trennst du durch **Kommas** von der wörtlichen Rede ab, z. B.: *„Vor allem“, betont Matti, „kommt es auf den Partner an.“*

Achtung: Vor dem Redebegleitsatz entfällt der Punkt in der wörtlichen Rede. Frage und Ausrufezeichen bleiben erhalten, z. B.: *„Tanzen ist toll“, sagt Matti. / „Tanzen ist toll!“, sagt Matti.*

1 **Forme den Satz so um, dass der Redebegleitsatz einmal nach der wörtlichen Rede steht und einmal eingeschoben ist. Setze die Kommas und Anführungszeichen richtig.**

Matti behauptet: „Hunde sind gute Tänzer.“

2 **a Unterstreiche im folgenden Text die Redebegleitsätze.**
b Setze die fehlenden Anführungszeichen, Doppelpunkte und Kommas.

Heißer Rhythmus mit kalter Schnauze

Ich hätte nie gedacht, dass ich einmal tanzen werde gesteht Matti auf Nicoles Geburtstagsparty. Auf der Tanzfläche entgegnet Susanne habe ich dich heute aber nicht gesehen. Matti schüttelt den Kopf und verrät etwas verlegen Ich tanze mit meinem Collie. Du nimmst uns doch auf den Arm schaltet sich Niklas ein. Aber Matti versichert: Kein Scherz! Cookie und ich tanzen sogar im Verein. Wie geht denn das? fragt Nicole neugierig und etwas spöttisch. Da holt Matti sein Handy heraus und sagt Seht selbst! Das Video ist am Freitag beim Training entstanden. Alle Achtung ruft Nicole. Aber du weißt schon setzt sie hinzu wer von euch beiden der bessere Tänzer ist?

3 **Schreibe einen Satz, der zu dem folgenden Bild passt, in dein Heft:**

„ ? “, ? „ ? ?“

Zeichensetzung

1 **Prüfe die folgenden Regeln zur Zeichensetzung.**
Streiche jeweils die falschen Wörter durch. (6 Punkte)

A Der Redebegleitsatz nach der wörtlichen Rede wird durch einen Punkt / ein Komma abgetrennt.
B Vor nebenordnenden Konjunktionen wie *und, oder, sowohl ... als auch* steht in Aufzählungen kein Komma / ein Komma.
C Zwischen einem Hauptsatz und einen Nebensatz kann/muss ein Komma stehen.
D Die wörtliche Rede steht in Anführungszeichen/Kommas.
E Eingeschobene Nebensätze werden durch zwei Kommas / ein Komma vom Hauptsatz abgetrennt.
F Nachgestellte Erläuterungen und Appositionen werden durch Klammern / durch Kommas abgetrennt.

2 **a** **Setze die fehlenden Kommas in den folgenden Sätzen. (6 Punkte)**

Tiere beim Yoga

1 Beim Yoga einer beliebten Sportart können dir Tiere begegnen etwa die Kobra.
2 Aber selbst das Krokodil das im Yogaraum auf dem Boden liegt braucht dich nicht zu ängstigen.
3 Die Tiere bezeichnen bestimmte Yogastellungen und veranschaulichen Körperhaltungen.
4 Du wirst also schon mal zu einer Krähe wenn du Yoga machst.

b **Ordne den Sätzen 1 bis 4 die richtigen Regeln aus Aufgabe 1 zu.**
Schreibe die Buchstaben der Regeln in die Kästchen. (4 Punkte)

1 = ☐ 2 = ☐ 3 = ☐ 4 = ☐

3 **Setze alle fehlenden Satzzeichen in diesen Sätzen mit wörtlicher Rede.**
Schreibe die Sätze auf. (9 Punkte)

A Yoga-Übungen erklärt Enrico sind gut für den Körper und die Seele.

B Seitdem ich Yoga mache, bin ich entspannter erklärt er.

Vergleiche deine Ergebnisse mit dem Lösungsheft. Für jede richtige Antwort bekommst du einen Punkt.

☺ 24–20 Punkte	😐 19–13 Punkte	☹ 12–0 Punkte
Gut gemacht!	Gar nicht schlecht, aber lies dir die Merkkästen auf den Seiten 92–96 noch einmal genau durch.	Arbeite die Seiten 92–96 noch einmal genau durch.

Ich teste meinen Lernstand

Wie kannst du mit der folgenden Einheit arbeiten?

1 Mit dem folgenden Test (▸ S. 98–103) kannst du prüfen, was du im Fach Deutsch schon alles gelernt hast. Du testest verschiedene Bereiche:
- das Verstehen von literarischen Texten und Sachtexten (Aufgaben Teil A),
- Grammatik und Rechtschreibung (Aufgaben Teil B und Teil C) und
- das Verfassen eines informierenden Textes (Beschreibung) (Aufgaben Teil D).

2 In dem Test begegnen dir verschiedene Aufgabenarten, z. B.: in einer Auswahl an möglichen Antworten die richtige ankreuzen, Informationen passend zuordnen, Kurzantworten geben, Lückentexte füllen oder eine Person beschreiben.

3 Du kannst deine Antworten mit Hilfe des Lösungsheftes selbst überprüfen und mit Hilfe der erreichten Punktzahl deinen Lernstand bewerten.

A Texte verstehen

Johann Peter Hebel

Der Zahnarzt

Zwei Tagediebe[1], die schon lange miteinander in der Welt herumgezogen waren, weil sie zum Arbeiten zu träge oder zu ungeschickt waren, kamen doch zuletzt in große Not, weil sie wenig Geld mehr übrig hatten und nicht geschwind wussten, wo nehmen. Da gerieten sie auf folgenden Einfall. Sie bettelten vor einigen Haustüren Brot zusammen, das sie nicht zur Stillung des Hungers genießen, sondern zum Betrug missbrauchen wollten. Sie kneteten und drehten aus demselben lauter kleine Kügelchen oder Pillen und bestreuten sie mit Wurmmehl aus altem, zerfressenem Holz, damit sie völlig aussahen wie die gelben Arzneipillen. Hierauf kauften sie einige Bogen rot gefärbtes Papier, denn eine schöne Farbe muss gewöhnlich bei jedem Betrug mithelfen. Das Papier zerschnitten sie dann und wickelten die Pillen darein, je sechs bis acht Stücke in ein Päckchen. Nun ging der eine voraus in einen Flecken[2], wo eben Jahrmarkt war, und in den Roten Löwen[3], wo er viele Gäste anzutreffen hoffte. Er forderte ein Glas Wein, trank aber nicht, sondern saß ganz wehmütig[4] in einem Winkel, hielt die Hand an den Backen, winselte halblaut für sich und kehrte sich unruhig bald so her, bald so hin. Die ehrlichen Landleute und Bürger, die im Wirtshaus waren, bildeten sich wohl ein, dass der arme Mensch ganz entsetzlich Zahnweh haben müsse. Aber was war zu tun? Man bedauerte ihn, man tröstete ihn, dass es schon wieder vergehen werde, trank sein Gläschen fort und erkundigte sich über seine Geschäfte. Indessen kam der andere Tagdieb auch nach. Da stellten sich die beiden Schelme, als ob noch keiner den andern in seinem Leben gesehen hätte. Keiner sah den andern an, bis der zweite durch das Winseln des ersteren, der im Winkel saß, aufmerksam zu werden schien. „Guter Freund", sprach er, „ihr scheint wohl Zahnschmerzen zu haben?", und ging mit großen, aber langsamen Schritten auf ihn zu. „Ich bin der Doktor Staunzius Rapunzia von Trafalgar", fuhr er fort. Denn solche fremde, volltönige Namen müssen auch zum Betrug behilflich sein, wie die Farben. „Und wenn ihr meine Zahnpillen gebrauchen wollt", fuhr er fort, „kann ich euch mit einer, höchstens zweien von eurem Leiden befreien." – „Das wolle Gott", erwiderte der andere Halunke. Hierauf zog der saubere Doktor Rapunzia eines von seinen roten Päckchen aus der Tasche und verordnete dem Patienten, ein Kügelchen daraus auf den bösen Zahn zu legen und herzhaft daraufzubeißen. Jetzt streckten die Gäste an den andern Tischen die Köpfe herüber, und einer um den andern kam herbei, um die Wunderkur mit anzusehen. Nun könnt ihr euch vorstellen, was geschah. Nach dieser ersten Probe tat der Patient einen entsetzlichen Schrei. Das gefiel dem Doktor. Der Schmerz, sagte er, sei jetzt gebrochen, und gab ihm geschwind die zweite Pille zu gleichem Gebrauch. Da war nun plötzlich aller Schmerz verschwunden. Der Patient sprang vor Freuden auf, wischte sich den Angstschweiß von der Stirne weg, obgleich keiner dran war, und tat, als ob er seinem Retter zum Danke etwas Geld in die Hand drückte. – Der Streich war schlau angelegt und tat seine Wirkung. Denn jeder Anwesende wollte nun auch von diesen vortrefflichen Pillen haben. Der Doktor bot das Päckchen für 24 Kreuzer[5] an und in wenig Minuten waren alle verkauft. Natürlich gingen jetzt die zwei Schelme wieder einer nach dem andern weiter, lachten, als sie wieder zusammenkamen, über die Einfalt dieser Leute und ließen sich's wohl sein von ihrem Geld.

Daraus ist also zu lernen, wie leicht man kann betrogen werden, wenn man den Vorspiegelungen jedes hergelaufenen Landstreichers traut, den man zum ersten Mal in seinem Leben sieht und vorher nie und nachher nimmer.

1 der Tagedieb: Person, die keiner nützlichen Beschäftigung nachgeht
2 der Flecken: kleinere Ortschaft
3 der Rote Löwe: Wirtshaus, Gasthaus
4 wehmütig: still leidend
5 der Kreuzer: Geldmünze

Aufgabe 1

Kreuze an: richtig oder falsch? ☐ / 6 Punkte

	richtig	falsch
A Die beiden Tagediebe sind fürs Arbeiten zu faul.	☐	☐
B Die beiden tun im Wirtshaus so, als würden sie sich nicht kennen.	☐	☐
C Der eine betrügt den anderen, indem er ihm falsche Pillen verkauft.	☐	☐
D Der Patient hat vor lauter Zahnschmerzen Schweiß auf der Stirn.	☐	☐
E Erst bei Einnahme der zweiten Pille vergeht angeblich der Schmerz.	☐	☐
F Die Leute glauben dem Arzt, obwohl sie ihn nicht kennen.	☐	☐

Aufgabe 2

Formuliere eine Lehre, die du aus dieser Geschichte ziehen kannst. Schreibe in dein Heft. ☐ / 2 Punkte

Aufgabe 3

Erkläre in eigenen Worten, warum die Betrüger rotes Papier und den Namen *Doktor Staunzius Rapunzia von Trafalgar* verwenden. Schreibe in dein Heft. ☐ / 3 Punkte

Aufgabe 4

Was erfährst du über den Erzähler der Geschichte? Kreuze an. ☐ / 2 Punkte

A ☐ Der Erzähler ist nicht am Geschehen beteiligt.
B ☐ Einer der Tagediebe erzählt die Geschichte.
C ☐ Ein Wirtshausbesucher erzählt die Geschichte.
D ☐ Einer der Betrogenen erzählt die Geschichte.

Betrug im Netz – gut getarnt

A Wenn es im Internet um Geld geht, sind Betrüger meist nicht weit. Deshalb gibt es einige Regeln, um sich vor dem Betrug im Internet zu schützen: keine Anhänge in Mails öffnen oder Links anklicken von Absendern, die man nicht kennt, keine Daten bzw. Passwörter an Unbekannte herausgeben und natürlich vorsichtig sein, wenn es um kostenlose Angebote geht. Theoretisch sind das gute Ratschläge. In der Praxis reichen sie leider nicht immer aus, um sich zu schützen. Das liegt zum einen daran, dass die Betrüger dazulernen und sich immer raffiniertere Tricks einfallen lassen. Zum anderen können Nutzer oft nicht genau feststellen, mit wem sie es auf der anderen Seite der Leitung zu tun haben.

B Ein Klassiker unter den Betrugsfällen sind die sogenannten Fake-Shops. Fake-Shops sind Internetseiten, die wie reale Online-Shops aussehen. Hinter den Seiten stehen allerdings Betrüger, die auf das Geld von Online-Käufern aus sind.

C Solche Betrugsseiten im Netz gibt es auch in der Gaming-Szene, zum Beispiel bei dem beliebten Online-Spiel „Fortnite". Aktuell wird vor dem Betrug mit der Spielwährung für das Online-Spiel gewarnt. Spieler sollen sich von Internetseiten fernhalten, auf denen kostenlose oder ermäßigte „V-Bucks" angeboten werden. Mit diesem virtuellen Geld können „Fortnite"-Spieler den Charakter ihrer Spielfiguren verändern und für sie zusätzliche Fähigkeiten erwerben.

D Gerade für Jugendliche sind die scheinbar kostenlosen Upgrades ihrer Spielfiguren verlockend. Deshalb lassen sie sich häufig dazu bewegen, auf gefälschten Websites ihre persönlichen Zugangsdaten zu „Fortnite" preiszugeben. Mit den gestohlenen Zugangsdaten übernehmen die Betrüger den kompletten Account, kaufen im Namen des rechtmäßigen Besitzers teures Spielzubehör und bieten später die Spielfigur mit neuen Zugangsdaten auf Internet-Schwarzmärkten an. Die Rechnung dafür muss leider der ursprüngliche Nutzer zahlen.

Aufgabe 5

Kreuze an: richtig oder falsch? ☐ /5 Punkte

	richtig	falsch
A Der Text zeigt anhand von Beispielen, wie Betrüger im Netz vorgehen.	☐	☐
B Der Text gibt Hinweise, um sich vor Betrug im Internet zu schützen.	☐	☐
C Die Spielwährung V-Bucks bekommt man im Netz umsonst.	☐	☐
D Kriminelle benutzen immer denselben Trick, um im Netz zu betrügen.	☐	☐
E Betrüger stellen Internetnutzern mit kostenlosen Angeboten Fallen.	☐	☐

Aufgabe 6

Welche Überschrift gehört zu welchem Textabschnitt?
Trage die passenden Buchstaben (A, B, C, D) ein. ☐ /4 Punkte

☐ Betrugsseiten auch in Gaming-Szene

☐ Der Schein trügt

☐ Umsonst wird teuer

☐ Schutz vor Betrug bleibt schwierig

Aufgabe 7

Erkläre in eigenen Worten, auf welche Information im Satz davor sich die folgenden Verknüpfungswörter am Satzanfang beziehen. Ergänze die Sätze. ☐ /2 Punkte

„Deshalb“ (▸ Z. 2) bezieht sich darauf, dass ____.

„Das“ (▸ Z. 12) bezieht sich darauf, dass ____.

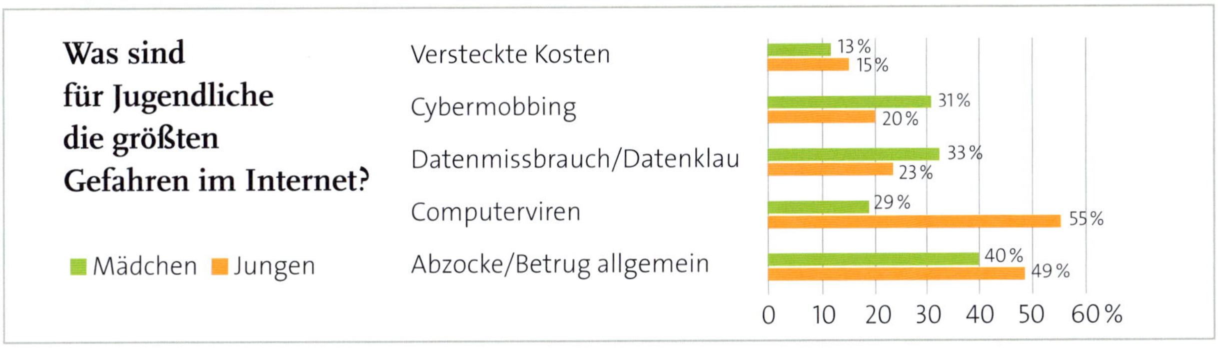

Aufgabe 8

Ergänze in dem Lückentext Informationen aus dem Diagramm. ☐ /5 Punkte

Insgesamt fürchten Jugendliche am meisten ______________________________ im Internet.

Mit zusammen 84 Prozent sind nach Betrug ______________________________ das größte Problem

für Jugendliche. Am wenigsten kümmern sie ______________________________. Etwa ein Drittel

der ____________________ sorgt sich um Datenmissbrauch, das sind zwei Prozent mehr, als sich vor

______________________________ fürchten.

B Rechtschreibung

Aufgabe 9

In einer AG „Jung hilft Alt – Alt hilft Jung“ haben Schüler/-innen Tipps für Senioren gegen Trickbetrüger gesammelt. Leider enthält ihr Text noch 16 Fehler. Streiche die falsch geschriebenen Wörter durch und verbessere sie in deinem Heft. ☐ /16 Punkte

Vorsicht Fehler!

Beim Zeteltrick fragt der Täter an der Tür nach einem Zettel, um dem Nachbarn schnel eine Nachricht zu hinterlaßen. Während das Opfer nach einem Zettel sucht, schleicht ein zweiter Täter in die Wohnung und nimmt Gelt oder Schmuk mit. Der Beschmutzertrick ist nichts ungewöhnliches und funktioniert besonders gut im dichten Gedrenge. Hier schütet der dreiste Täter scheinbar versehentlich ein Getränk auf die Jacke des Opfers. Anschliessend hilft er beim abwischen und stiehlt dabei Werdsachen aus der Jacke. Beim Blumentrick begrüssen fremde Leute das Opfer, das ahnungslos ist, freuntschaftlich mit Blumen und umarmen es. Das Opfer ist durch diese Überraschung abgelänkt und merkt beim umarmen nicht, dass es bestohlen wirt.

C Grammatik

Aufgabe 10

a Markiere im folgenden Text alle Adverbialsätze. ☐ /6 Punkte

b Bestimme die Art der Adverbialsätze.
Trage die Buchstaben in die Tabelle ein. ☐ /6 Punkte

Achtung Hütchenspieler

A Für den naiven Beobachter wirkt es so, als ob sich mit einer Wette auf die Kugel unter dem richtigen Becher schnelles Geld verdienen lässt. B Wenn man konzentriert hinschaut, müsste man den Weg der Kugel unter den Bechern verfolgen können. C Von anderen Zuschauern werden immer wieder größere Beträge gewonnen, sodass man es sich selbst auch zutraut. D Tatsächlich kassieren hier aber nur Betrüger, weil die angeblichen Gewinner die Kollegen des Hütchenspielers sind und nur als Lockvögel für ahnungslose Opfer dienen. E Obwohl man die Kugel zu sehen meint, ist sie während des Spiels tatsächlich nie unter einem der Becher. F Der Spieler klemmt sie unter einem Finger fest und platziert die Kugel, sobald das Opfer sein Geld auf den – natürlich falschen – Becher gesetzt hat.

☐	Kausalsatz (Grund)	☐	Konditionalsatz (Bedingung)	☐	Temporalsatz (Zeit)
☐	Modalsatz (Art und Weise)	☐	Konsekutivsatz (Folge)	☐	Konzessivsatz (Einräumung)

Aufgabe 11

a Markiere im folgenden Text alle Passivformen. ☐ /3 Punkte

b Im Text gibt es zwei Aktivsätze.
Wandle sie in Passivsätze um. ☐ /2 Punkte

Das Vortäuschen einer Gewinnchance beim Hütchenspiel wird als Betrug gewertet. Dieser kann polizeilich verfolgt werden. Aber die Täter werden meist nicht gefasst. Denn die Trickbetrüger nehmen Mittäter ins Team auf, die sie vor der Polizei warnen. Sie beteiligen sie später am Gewinn.

____

____

____

Aufgabe 12

Ein Polizist nimmt die Aussage eines Betrugsopfers auf. Formuliere die Sätze für den Polizeibericht in die indirekte Rede um. Schreibe in dein Heft. ☐ /2 Punkte

„Ich habe das Spiel eine ganze Weile beobachtet.
Mir ist nicht aufgefallen, dass die Zuschauer mit dem Hütchenspieler zusammenarbeiten."

Er berichtet, …

D Informieren – Eine Person beschreiben

Aufgabe 13

Stell dir vor, du hast einen Hütchenspieler bei seinen Betrügereien beobachtet. ☐ / 20 Punkte
Die Polizei bittet dich um eine Personenbeschreibung. Beschreibe den Hütchenspieler.

a Sieh dir die Person genau an. Sammle in einem Steckbrief Angaben für die Beschreibung.

Geschlecht: ____________________

Alter (geschätzt): ____________________

Figur/Körperhaltung: ____________________

____

Haare (Farbe, Frisur), Bart, Kopfbedeckung: ____________________

____

____

Gesicht (Form, Farbe): ____________________

Augen/Augenbrauen: ____________________

____

Mund (Lippen), Nase: ____________________

Kleidung: ____________________

____

____

____

Besonderes Kennzeichen: ____________________

b Verfasse die Personenbeschreibung. Schreibe in dein Heft.
Gehe so vor:
- **Formuliere eine Einleitung, in der du allgemeine Angaben (z. B. Geschlecht, Alter, Figur) machst.**
- **Beschreibe im Hauptteil das Aussehen der Person in einer geordneten Reihenfolge, z. B. von oben nach unten.**
- **Beschreibe zum Schluss, wie der Mann auf dich wirkt.**

Tipps zum Beschreiben
- Verwende aussagekräftige Adjektive, z. B.: *hellblau, schneeweiß*.
- Verwende nicht nur die Verben „haben“ und „sein“. Achte auf eine abwechslungsreiche Wortwahl, z. B.: *tragen, aussehen*.
- Schreibe sachlich, vermeide Wertungen (z. B.: *cool, schön, hässlich*), schreibe im Präsens.

Deutschbuch

Gymnasium

Autoren- und Quellenverzeichnis

S. 22 f.: Hebel, Johann Peter: Der Wettermacher. Aus: Kalendergeschichten. Insel Verlag, Frankfurt am Main 1973.
S. 26: Ernst, Otto: Nis Randers. Aus: Diestelmeier, Katharina (Hrsg.): Krachen und Heulen und berstende Nacht. Balladen. Cecilie Dressler Verlag, Hamburg 2006.
S. 28 f.: Die Tricks der Werbung (verkürzt und verändert). Nach: https://www.wissenschaft.de/gesellschaft-psychologie/werbung-und-manipulation/
S. 98 f.: Hebel, Johann Peter: Der Zahnarzt. Aus: Kalendergeschichten. Insel Verlag, Frankfurt am Main 1973.

Bildquellenverzeichnis

S. 6: Shutterstock.com/BigLike Images; **S. 15:** Shutterstock.com/Jelena Aloskina; **S. 16:** Shutterstock.com/gali estrange; **S. 18:** Das Stundenbuch des Herzogs von Berry – Monatsbild August/bpk/RMN – Grand Palais/René-Gabriel Ojéda; **S. 103:** Shutterstock.com/White Space Ukraine

Teile der Kapitel wurden von Agnes Fulde erarbeitet.

Redaktion: Stefan Windte

Illustrationen:
Uta Bettzieche, Leipzig: S. 67–97
Nils Fliegner, Hamburg: S. 10–13, S. 22–23, S. 28–66
Christiane Grauert, Milwaukee (USA): S. 4–9, S. 20, S. 26–31, S. 98–102

Umschlaggestaltung: Corinna Babylon und Jule Kienecker (Berlin) unter Verwendung eines Fotos von Shutterstock/Pyty und einer Illustration von Christiane Grauert (Milwaukee/USA)

Layout und technische Umsetzung: werkstatt für gebrauchsgrafik, Berlin

www.cornelsen.de

Druck: Athesiadruck GmbH

Ausgabe ohne interaktive Übungen

1. Auflage, 1. Druck 2021
ISBN 978-3-06-200109-3

Ausgabe mit interaktiven Übungen

1. Auflage, 1. Druck 2021
ISBN 978-3-06-200114-7

PEFC
PEFC/18-31-166

PEFC zertifiziert
Dieses Produkt stammt aus nachhaltig bewirtschafteten Wäldern und kontrollierten Quellen.

www.pefc.de